科学记者手册

陈 鹏 ◎ 主编

科学出版社
北京

图书在版编目（CIP）数据

科学记者手册/陈鹏主编. —北京：科学出版社，2018.4
ISBN 978-7-03-057068-0

Ⅰ.①科⋯ Ⅱ.①陈⋯ Ⅲ.①科学技术-记者-手册 Ⅳ.①G214.2-62

中国版本图书馆 CIP 数据核字（2018）第 060370 号

责任编辑：侯俊琳 朱萍萍 / 责任校对：邹慧卿
责任印制：徐晓晨 / 封面设计：有道文化
联系电话：010-64035853
E-mail：houjunlin@mail.sciencep.com

科学出版社 出版
北京东黄城根北街 16 号
邮政编码：100717
http://www.sciencep.com

北京建宏印刷有限公司 印刷
科学出版社发行 各地新华书店经销

*

2018 年 4 月第 一 版　开本：720×1000　1/16
2019 年 5 月第二次印刷　印张：15
字数：300 000

定价：78.00 元
（如有印装质量问题，我社负责调换）

编 委 会

主　编：陈　鹏

副主编：郭道富

编　委：保婷婷　张　林　赵　路　甘　晓
　　　　　王佳雯　倪思洁　丁　佳　肖　洁
　　　　　陆　琦　李晨阳　潘　希　李　芸
　　　　　温新红　计红梅

用科学读懂世界 用科学洞察人生

■中国科学报社社长兼总编辑 陈鹏

如果说记者是时代的瞭望者，那么科学记者就像是他们中的侦骑或先锋，是冲在最前面的人。之所以这么比喻，是因为我们所处的时代赋予他们与一般媒体人不一样的职责内涵，不仅要记录、守望，还要启蒙、引导、前瞻、探察，而且其职业特色将越来越凸显。

创新驱动是当下及未来国家发展的主导性战略。这首先吸取了历史教训。近代史上我们数次与科技革命、产业振兴失之交臂、错失良机，因而遭受了前所未有的挫败与屈辱。其次源于我们对当今世界潮流趋势的准确判断。新一轮科技革命、产业变革正在酝酿，以创新尤其是科技创新解决国家发展难题、全球性问题，寻求新的治理模式，已经成为一种共识性选择。构建人类命运共同体，再没有比科教、文化等更能超越国家、民族、宗教、习俗等区隔的有效载体了。

科学技术的日新月异以及它所带来的社会福祉，已经全方位地影响着我们的工作与生活。物质产品的丰富与满足，衣食住行的充沛与便捷，往来交际的自由与延展，无不与科学技术的发展息息相关。科学的力量以及技术手段、产品与服务不断地"攻城略地"，既彰显了社会前进的强大驱动力，也不可避免地带来科技与人文、伦理、价值的碰撞交融。

进入中国特色社会主义新时代，我国社会的主要矛盾已经转化为人民日益增长的美好生活需要和不平衡、不充分的发展之间的矛盾，实现人民对物质文化生活的更高追求，主要还得依托社会生产力水平的总体提高，归根到底取决于科技创新所能释放的驱动能量。正如党的十九大报告指出的，世界每时每刻都在发生变化，中国也每时每刻都在发生变化，我们必须跟上时代，不断认识规律，不断推进理论创新、实践创新、制度创新、文化创新以及其他各方面创新。如果说创新是推动世界前行不可或缺的力量，那么科学技术创新就是其中具备引领性、主导性的力量。

社会发展，需要科技创新持续发力；科技创新，同时需要从国家需要、社会需求中寻找方向，需要通过各种"响应机制"及"与公众对话"的方式来汲取营养和动力。这种需求与满足需求之间的良性互动，主要依托于科学共同体的创新研究才能实现，也必须借助于公共媒介尤其是科学媒介及科学记者的力量，建起畅通有效的力量传导、能效转换的桥梁。

在科技创新被置于如此重要位置的时代，公众尤其需要借助于媒介、记者获悉科学研究的最新成果，分享科学探索的特殊体验，学习科学知识与方法，了解科学思想与精神。无论时代变化对媒介形态产生何种影响，记者职业的社会属性如何更迭，信息传播的内涵、形式、内容将做出何种响应，不变的是以媒体为关键环节的知识与信息的转换、对流、运用和分享。

对于个人而言，能够帮助我们读懂大千世界、读懂自己，恐怕再没有比科学更有效的工具了。世界的绚烂多彩、纷繁复杂，社会的参差错落、冷暖变迁，精神世界的深邃奥妙、变化多端，无不需要借助于科学之手的牵引与指津。迄今，科学堪称是人类通达自由世界最坚固的桥梁，也是人生最值得信赖的益友良师了。科学虽然不能替代宗教习俗及其构筑的信仰或传统，也无法取代文艺对精神与心灵的熏染和启迪，但它"开"出的"科学理性之花"却是这个世界最真实的颜色，是人类社会赖以存续的精神源头，是我们探索、适应、改造客观世界的最有效力量。

科学记者是媒体人中的一支特殊"兵种"，特殊性恰恰在于其对科学体系所孕育的科学思想和精神的传递与普及。他们不同于一般的社会观察者与记录者，也不同于宏观层面的历史书写者和社会守望者，对于进入中国不满百年的赛先生而言，其依然主要作为直接或间接的科学思想的启蒙者和科学精神的引导者。以独有的专业性与科学对话，以新闻人的视角分享科学。可以说，科学记者是一项值得尊敬而又充满挑战的职业，更是一份能够近距离触摸时代脉搏的职业。

创刊于1959年1月1日的《中国科学报》，是国家战略科技力量——中国科学院中的一员。半个多世纪以来，我们在普及科学知识、倡导科学方法、传播科学思想、弘扬科学精神的道路上，不断践行科学传播的神圣使命，不断探索媒体变革、创新发展的道路。我们始终在探求追问、启迪传承，为中国科学标记高度，为中国科学传媒攀越高峰。在这样一个时代，人们需要一个臂膀来探索科学，更需要一座高山来眺望科学。这不仅是一家科技媒体应该承担的使命与职责，也应该成为所有有志于传播科学的人们共同追求的目标。

当今，技术围剿下的传统媒体正在面临一波清洗，媒体变革的形势也颇为复杂迷离。但比起技术这一外部因素，内容仍是媒体转型发展的内在驱动力。根据受众的需求深耕内容，生产他们喜欢的新闻，始终是媒体发展的着力点。无论时代怎么发展，好的内容是永远不会被淘汰的。拥有足够多的入口，但与之匹配的内容依然稀缺，是信息聚合时代对所有媒体及媒体人提出的新挑战。

在这个强调"创新、创新、再创新"的时代，媒体尤其是科技媒体变革发展的方向也日趋明朗：一方面，我们要更精确地记录科学与技术的演进、变化，使它们不再枯燥乏味，彰显它们作为社会发展主导力量的巨大价值；另一方面，我们也要更好地衔接科学与传统、科技与社会人文的关系，弥合科技发展带来的种种"落差"，避免科技发展滋生的负面效应。这些都是时代赋予我们的新挑战、新使命和新课题，需要广大新闻工作者、科学传播者共同努力，学会如何正确地做以及怎样才能做得更好。

目　　录

用科学读懂世界　用科学洞察人生

第一章　科学与科学记者 …… 001

　　第一节　什么是科学记者 / 002
　　第二节　科学记者的科学观 / 004
　　第三节　科学记者与科学家的关系 / 005

第二章　科学新闻的选题 …… 009

　　第一节　选题的来源 / 010
　　第二节　选题判断标准 / 012

第三章　科学新闻的采访 …… 015

　　第一节　采访准备 / 016
　　第二节　争取采访机会 / 018
　　第三节　怎样采访 / 021

第四章　一些不同的采访类型 …… 025

　　第一节　特殊场合的采访 / 026
　　第二节　集体采访 / 029

第三节　会议采访 / 030

第四节　两会采访 / 032

第五节　院士大会采访 / 035

第六节　发射任务采访 / 036

第七节　针对融媒体平台的采访 / 038

第五章　科学新闻写作　……041

第一节　几种常用新闻体裁 / 042

第二节　怎样写学术会议消息 / 046

第三节　怎样写政务活动消息 / 049

第四节　怎样写科研进展类消息 / 052

第五节　怎样写人物通讯 / 054

第六节　怎样写科普通讯 / 056

第七节　怎样写话题式通讯 / 060

第八节　怎样写深度报道 / 061

第九节　怎样写"回顾总结式通讯" / 063

第十节　怎样写特写 / 066

第十一节　怎样写评论 / 070

第六章　理念与技巧　……075

第一节　做宣传与做新闻 / 076

第二节　主题先行与新闻客观性 / 077

第三节　学术价值与新闻价值 / 078

第四节　如何把握舆论导向 / 079

第五节　如何快速上手 / 081

第六节　抓"活鱼" / 083

第七节　"吃干榨净"与"一鱼多吃" / 084

第八节　要不要审稿 / 086

第七章　编辑出版 089

第一节　报纸编辑对记者的要求 / 090

第二节　编辑对记者的指导 / 092

第三节　轮岗的必要性 / 094

第四节　采编合一的特殊优势 / 096

第五节　网站编辑对记者的要求 / 097

第六节　新媒体编辑对记者的要求 / 099

第八章　作品点评 103

第一节　历年评报 / 104

第二节　岗位练兵点评 / 142

第九章　相关制度 163

第一节　选题例会制度 / 164

第二节　新闻产品评价办法 / 165

第三节　采编人员奖惩条例 / 167

附录一　中国科学报社介绍 171

附录二　几大科技部门介绍 187

附录三 部分科研机构介绍 195

附录四 部分大学介绍 205

附录五 部分媒体行业组织介绍 221

后　记 科学传播永无止境 225

第一章　科学与科学记者

第一节 什么是科学记者

要回答什么是科学记者，应当先回答什么是记者。记者，是指在媒体中从事新闻采访和报道工作的专业人员。这一职业以前往现场或接触新闻当事人获取信息、挖掘事件真相及背后的意义并向大众传播为己任。

科学记者是潜心科学领域进行观察、报道的一类专业记者，与专门报道经济、军事、文化等领域的记者并无不同，都担负着架起相应领域与公众之间沟通桥梁的责任。不过由于所关注领域的特殊性，科学记者对专业性、严谨性有更高的要求。

科学记者要做的工作就是从科研进展报告中挖掘出与大众相关的科技热点，要对科技界的热点事件、争议话题及时进行分析报道，更应当关注科技界做的前瞻性工作及其可能产生的影响。换言之，科学记者要做的就是核准科学事实、传播科学事实。

科学领域的报道与金融、经济等领域的报道相似，具有较高的专业门槛。而许多基于自媒体的非专业科学记者多缺乏与相关领域权威人士的沟通，往往通过自己理解和搜集网络信息加工成文。这不仅令信息的真实性受到削弱，甚至会导致违背科学思想的虚假信息或伪科学的传播。

例如，微信公众号中泛滥的养生信息、蹭量子科学热度的伪科学文章、包治绝症的药物等假新闻……此类虚假信息屡禁不止，严重影响了公众的判断，也令许多科学家无可奈何。技术变革在推动传播业发展的同时，也让不实信息的传播享受了便利，让它们以病毒传播的方式大肆扩散。如今，许多传统媒体开设的科学流言榜就是针对当下泛滥的不实信息的有力回击。

这样的传播生态更凸显出科学记者的重要性。曾有观点认为，科学记者存在的意义正在不断被弱化，科学记者将逐渐消失。但就目前国内混乱的科学传播生态看，科学记者的价值其实是呈上升而非下降态势的。

此外，对于科学记者而言，另一个巨大的挑战在于如何将学术语言转变为通俗易懂的大众语言。但是无论是基础研究还是应用研究，都充斥着艰涩的学术用语。如何用轻松活泼的通俗语言，将科学进展转化成读者可以理解、消化的故事，是科学记者面临的挑战。

《中国科学报》2014年5月14日刊发的《为了纠正亚里士多德的错误——中国学者在一古老数学问题上获重大突破》[1]（第二十五届中国新闻奖获奖作品），解读的是北京大学数学科学学院专家宗传明23年来专心研读一个古老数学问题的故事。亚里士多德曾断言，用正四面体和立方体可以砌满整个房间，而宗传明所做的就是对亚里士多德的这一错误判断进行数学论证。这是对一个基础数学研究进展的报道，其中有深奥的猜想与论证过程，也有"最大平移堆积密度"这样艰涩的学术语言。而该文记者通过轻松的描述，让读者穿过这些艰涩的术语，寻找到了故事背后的逻辑——一位科学家在一个世界数学难题中的坚守。

最终文章所传达的并不只是这一科学进展是什么、价值几何，更是通过对科学探索过程的通俗介绍，让读者读懂了一个领域的科学发展历程，了解了推动科学发展的一代代科学家，体会到求实、创新、怀疑、宽容的科学精神。

而无论是在微观层面对一项科学成果的传播与解读，还是在中观层面对某一科研领域的观察与思考，抑或是在宏观层面对国家乃至世界的科学进步的阐释以及对科学精神的解读，都应当成为科学记者的职责与使命所在。

值得注意的是，随着科学技术向社会领域不断渗透，科学记者应当以更广阔的视角看待科学报道。也就是说，公众期待的科学报道不仅局限于对科学进展的浅显介绍，更在于对热点新闻事件的基于科学视角的充分、理性地解读。

总之，无论报道领域的边界如何拓展，去伪存真、思辨求新都是科学记者工作中应当秉持的基本理念。

---

[1] 丁佳. 为了纠正亚里士多德的错误——中国学者在一古老数学问题上获重大突破. 中国科学报，2014-05-14：04.

第二节　科学记者的科学观

科学是什么？科学等于正确吗？科学观对指导记者进行选题判断、采写报道具有决定性作用。科学记者入门时，首先应当审视一下自己的科学观。

在从业之初，科学记者必须及时修正和更新原本持有的"科学主义"[①]的观念。第一，用科学的视角看待世界。世界是可以被认知的，科学理念会发生变化，科学知识具有一定的持久性，但科学不能为所有问题提供完美的答案。第二，了解科学探索的规律。科学需要证据，科学是逻辑和想象的融合，科学有解释和预见的功能，科学家用理论和实验尽量"接近"客观世界。第三，理解科学事业。科学研究是一项复杂的社会活动，由不同学科内容组成，不同的机构进行研究。科学研究有普遍遵循的职业规范和伦理要求。科学家既是接近客观世界的人，更是客观世界中的普通人。

全面认识、理解科学，将对选题、采访和写作等实践环节产生积极、正确的引导，从而帮助记者创作出优质的新闻产品。

第一，在选题上，正确的科学观指导记者判断什么是好的科学新闻。在评判选题时，记者一方面要站在特定的科学背景中，以历史的眼光判断科学成果在知识图谱中所处的逻辑位置，进而判断该成果的科学价值；另一方面要站在普通大众的立场判断科学成果对整个社会的意义及影响，即判断其新闻价值。只有科学价值的新闻往往迷失在科学报告、学术论文中，缺乏人情味儿。只有将科学价值和新闻价值结合起来，才能挖掘出好的选题，做出好的科学报道。

第二，在采访上，正确的科学观指导记者与科学家在平等的位置上交流，让记者对于玄奥艰深的科学问题也敢于发出质疑。科学不代表正确，科学家也是普通人，拥有知识并不代表拥有了特殊的权力。科学家掌握了某一领域的专业科学知识，记者懂得如何更好地传播知识。只有科学家和记者合作，科学成果才能让

---

① 科学主义认为，自然科学知识是人类知识的典范，它不仅是必然正确的，而且可以推广用于解决人类面临的所有问题。自然科学的方法应该被用于包括哲学、人文学科和社会科学在内的一切研究领域，只有这样的方法才能富有成效地被用来追求知识。同时，科学精神是一切研究领域都应该遵循的。

更多人知晓和理解，科学家才能争取到更多的信任。只有理解了这一点，记者在采访中才有与科学家平等对话的可能，进而获得科学家的尊重。反之，不能处理好与科学家之间关系的记者，很容易被科学家牵着走。同时，新闻和科学一样，都是以质疑精神为特质的事业。记者在采访中要敢于站在公众、媒体的立场质疑科学家的工作。

第三，在写作上，正确的科学观指导记者坚守媒体话语权。科学报告的特点是只呈现结果而不呈现过程，只呈现成功而不呈现失败，对科学的呈现是片面的。而叙述是人类最主要的沟通方式，也是媒体话语中最重要的表达方式。面对科学家对概念、内容等严谨表述的执念，科学记者必须学会坚守媒体的主体性，不放弃媒体话语权，坚持媒体叙述规范，只有这样，才不会导致所报道的科学新闻晦涩难懂，像学术论文一样枯燥乏味。

总之，从事科学新闻工作，必须遵循正确的科学观，坚持媒体人的新闻理想，以做出有显示度、有温度、有深度的科学新闻为目标，为传播科学和科学传播贡献力量。

第三节　科学记者与科学家的关系

在采访中，正确理解和处理记者与采访对象的关系，是完成采访任务的关键所在。回归到科学报道，作为信息的传播者和观点的提供者，科学记者与科学家在整个信息传播过程中有紧密的联系。

但在双方建立联系的过程中，记者应该时刻提醒自己，记者与科学家之间是既合作又对立的关系。也就是说，记者既应该与科学家建立相互的信任，又需要时刻用辩证的眼光看待科学家提供的信息。

一、记者与科学家建立信任

对于记者而言，获取采访对象的信任，工作的开展无疑会更加顺利。特别对于不善于和媒体打交道的科学家，要获得对方的信任，才能让对方打开话匣子。

而要获得科学家的信任，需要记者做充足的准备。这个准备既包括心理层面的准备，也包括信息储备、采访技巧等业务层面的准备。

1. 心理层面的准备

从心理准备角度来看，科学记者与科学家的沟通，首先应该建立一种平等的对话关系。记者应该意识到，记者背后的媒体代表着一种社会责任，每个版面的谋划、每篇文章的安排、每个文字的取舍，占用的都是公共资源。科学家虽然在自身研究领域的知识层面占有优势，但记者背后媒体的传播能力和影响力同样也是其优势所在。明确了这一关系，记者才能更好地在采访中与科学家保持平等。采访中，记者既无权强迫采访对象必须回答问题及如何回答问题，但也不必刻意迎合采访对象、违背新闻报道规律。

2. 业务层面的准备

从业务开展的层面建立与科学家的信任关系，一方面要求记者在采访前做好案头工作，包括对采访对象的研究和观点的基本认识、对采访话题及不同"声音"的充分掌握。在此基础上，记者才可以拿出有分量的采访提纲、提出有针对性的问题，吸引科学家就相关话题表达观点。

基于对相关话题的信息摄入，使得记者在采访过程中能够实现与科学家进行信息交换和观点交流。也就是说，当记者对一个话题有了基本认识后，在采访中才能准确理解科学家传递出的信息，并就已经存在的各方观点与科学家进行交流。

采访并非信息从采访对象单向流动至记者，同样也包括记者的信息反馈。当科学家对记者在相关问题上的知识储备有一定认同后，双方才能形成良好的信息沟通。当记者和采访对象间的信息有序流动时，记者所能获取的有效信息甚至"额外收获"才会更多。

另一方面，要获得科学家的信任，记者在实际工作中应当学会巧用媒体声誉为自己证明，这在敏感话题的操作中显得尤为重要。

以《中国科学报》2017年6月15日刊发的《朱清时"真气"讲座的是与非》[1]一文为例。决定做这个选题时，朱清时正因为"真气"讲座处于舆论的旋涡

---

[1] 高雅丽，王佳雯. 朱清时"真气"讲座的是与非. 中国科学报, 2017-06-15：01.

中。当时，多家媒体曾试图采访他，都遭到拒绝。而《中国科学报》的采访要求却顺利获得了回应，原因在于朱清时与《中国科学报》在以往沟通中建立起来的信任关系，同时也在于他对《中国科学报》多年来在科技圈内树立的良好信誉的认可。

再如，《中国科学报》2016年3月24日刊发的《疫苗危机后的科学反思》[①]一文，聚焦山东非法经营疫苗案。针对此类敏感话题，相关领域专家出来发声是需要承担一定风险的。报道采访到了中国科学院院士、疫苗专家高福院士。他愿意站出来对这个事件进行专业解读，充分体现了科学家的责任与担当。从另一方面来看，他之所以接受《中国科学报》记者的采访，也是基于其对《中国科学报》多年来的信任。

因而，在新闻采访中，与科学家建立信任，需要利用有形的努力和无形的专业形象共同作用，通过记者个人信誉及其所处媒体的公信力营造，以取得积极顺畅、深入有效的采访效果。

二、记者的独立思考能力

与科学家建立信任对采访的推进十分重要，但记者也应当对科学家的观点保有一份独立思考的能力。

以能源研究为例，研究氢能的科学家会更倾向于主张提升氢能在中国能源领域中的占比，而研究核能的专家则更倾向于推崇核能。这源于科学家对相关领域钻研的一种本能，但也有可能是其与相关领域存在某种利益捆绑。此时，科学家的话是否可以百分百采信，就需要多一分警惕。在这种情况下，通过多方"声音"进行平衡比较，是保持报道客观性的重要保障。

总而言之，科学记者应该与科学家建立起彼此间的信任，以确保在相关领域出现热点话题时，能够及时找到对口的专家，获得权威、专业的意见。同时，即使对最熟悉的科学家所提供的信息，记者也应该保持思辨能力。信任并保持独立思考，才是科学记者与科学家融洽关系的基准。

---

① 王佳雯. 疫苗危机后的科学反思. 中国科学报，2016-03-24：01.

第二章 科学新闻的选题

第一节　选题的来源

"选题"的基本含义是指选择题材，新闻选题即是选择新闻采访的"题目"。对新闻报道来说，新闻选题既是一个过程也是一个结果。一篇好的新闻报道，是以一个好的选题为种子生长而成的。

一、选题线索的来源

随着网络信息时代的到来，人们获取信息的渠道逐渐增多，接受的信息也越来越繁杂。那么，如何在众多的信息中寻找新闻选题，如何使自己所寻找的新闻选题受到广大受众的喜爱，就对每一位科学记者提出了更高的要求。

对于成熟记者来说，新闻的采访和写作可能都不太难。关键是哪里有新闻可采可写？对于新入职的科学记者，最开始做的大多是"规定动作"——接受来自领导、编辑或资深记者安排的选题。简单来说，就是"指哪儿打哪儿"。这些选题，有的是上级单位部署或报社安排的采访报道任务，一般是政务新闻、常规报道。也有的是领导或编辑根据他们获取的新闻线索提炼、策划的题目，通常包括进展类消息、话题类通讯等。

在这里特别强调一下，即使在执行规定任务的时候，记者也应该积极发挥自己的主观能动性，在操作过程中不断修正自己的采访思路。一位知名媒体人曾经说过："一开始你是去挖银子的，现在看到金子了，那就应该先去挖金子，后来又发现了钻石，就应该马上转去挖钻石。"

无论什么类型的媒体，要做好新闻报道，就得不断找到好"题目"，科学记者尤其需要如此。科技新闻主要关心的是科学技术领域新近发生的事实，"等、靠、要"肯定是不靠谱的。那么问题又来了，去哪儿找好选题呢？

有经验的记者们经常说"用眼睛发现选题"。亲眼见证固然好，但毕竟"我在现场"的机会有限，这就需要利用"网络"给自己扩大眼界。一方面可以通过自身的信息网,即通过已经建立联系的科技界人脉(不限政府部门、私人机构或个人)拿到第一手消息,做独家新闻。另一方面,也是最普遍的,可以借助互联网(如门户网站、专栏类网站、社区类网站)去搜集信息,从已经报道的新闻中寻找线索、寻找角度,做"第二落点"新闻。

会议是最直接的选题来源之一。会议信息类网站,可以关注中国学术会议网、中国科学技术馆网站、中国科学院文献情报中心(国家科学图书馆)网站、中国网、科学网的会议专栏等。

一些外媒网站也会有一些独家信息发布。这类网站可以关注科学网、澎湃新闻网、新华网、新浪网、人民网、中国政府网、中国新闻网新闻中心、中国日报网、中国经济网、中国网络电视台、光明网、凤凰网、纽约时报网、彭博社、华尔街日报、观察者网等。

此外,还可以关注一些地方科技部门的网站,如上海市科学技术委员会、北京市科学技术委员会、山东省科学技术厅、广东省科学技术厅、江苏省科学技术厅、浙江省科学技术厅等。

在科研机构及部委网站中,可以关注中国科学院、中国工程院、科学技术部及国家自然科学基金委员会、中国科学技术协会、中国农业科学院、水利部、农业农村部、交通运输部、生态环境部、国家卫生健康委员会、教育部等。

需要注意的是,关注各种网络端口是为了紧跟热点,但只要是热点,就说明已经被人"撸"过了,就需要寻找"第二落点",仔细采访,彻底挖掘,或变换报道角度,或小稿做大。

此外,科学记者还应该是阅读爱好者,不仅要阅读大众报刊,还要阅读专业期刊、学术杂志等,借此拓宽自己的思路,找到与别人不一样的线索。在阅读时,不妨随身准备好一个笔记本或手机,随时记录下转瞬即逝的灵感。

二、选题线索的提炼

选题的基础是线索,线索经过加工提炼才能成为选题,所以有线索是找到好选题的前提。有了好线索,记者再进行一些加工提炼,一个好选题就出炉了。

关于加工提炼，可以在几个看似不相关的线索中找到联系，然后用其中的共性将这些线索串在一起，形成一个有价值的选题。也可以是一种向纵深前进的思维方式。一个线索本身有时并不能拿来做一个好选题，但在这个线索背后或许可以挖掘出一些更有意义、更有影响的内容，从而凝练成一个好选题。

第二节　选题判断标准

有了充分的新闻线索，就要做采访决策了，也就是进入第二个步骤——新闻选题的确定。但实际的新闻实践中，并不是所有的新闻线索都能成为新闻报道的选题，只有符合政策导向、新闻价值、受众需求及媒体定位的新闻线索，才能最终成为新闻报道的选题。

新闻价值是新闻选题的核心。确定选题的过程，就是记者对新闻线索中的新闻价值进行评价、判断和决策的过程。媒体选择什么题材、报道什么内容，取决于媒体人想达到怎样的传播效果，表达什么价值取向。在这个过程中，传播媒介形成一道"关口"，通过这个"关口"传达给受众的新闻或信息只是少数。

为什么选择这个事实而不选择那个事实？为什么选择事实的这个侧面而不选择那个侧面？其实从新闻操作上来讲，任何一条线索都可以把它定为新闻选题。这就涉及一系列的取舍标准。

一、选题的重大性

重大是指取材的重大与重要。科学记者传播信息，首先要选择重大且有轰动效应的信息，在一定时间、地域或领域内被大多数人共同关注的事件。

例如，在2008年汶川地震发生当天，《科学时报》（后复名《中国科学报》）第一时间派出记者赴震区一线采访，同时安排记者赴中国地震局采访，在第二天刊发头条文章并配发评论，报道被多家媒体广泛转载。在随后的近一个月时间里，

《科学时报》每天都在头版位置推出基于科学视角的大篇幅专业报道，引起社会的广泛关注和好评。

2008年7月和8月，《科学时报》策划北京奥运会特别报道，从科学家参与运动及奥运科技等角度，对北京奥运会进行了报道。9月，重点进行了中国科学院科技奥运项目报道，对中国科学院为北京奥运会所做的科技贡献进行了全方位的展示。

二、不同媒体的选题倾向和范围

不同的媒体有各自的选题倾向和选题范围，这与不同媒体的目标受众紧密相连。因此，即使对同样一个重大新闻，如奥运会、两会等全国瞩目的大事，不同媒体可以通过完全不同的视角形成不同的选题。科技类媒体往往关注其中的科技内容及元素，或着重从科学视角剖析问题、进行深度解读。

需要提醒的是，找选题并非都要从大处着眼，有时从小处着眼也能出彩，关键在于找到受众关心的切入点。

2012年7月18~27日，《中国科学报》推出"该死的奥数"系列报道，以记者深入调查和立体化还原奥数异化过程为主线，厘清奥数背后的产业链和利益链，对社会上的"奥数"现象进行了分析，引发了学生家长和社会各界人士的共鸣，引起极大的社会反响。教育部和北京市的教育部门随后均对奥数政策做出了相应调整。

这个选题如果只从宏观层面来操作，做出的新闻显然不能让受众产生深刻印象，当把问题具体到某个实实在在的个体上面，情况就不同了，原本干巴巴的内容就变得鲜活起来，做出来的报道不仅少了宣教意味，还能够由小见大、见微知著。任何一个普遍现象都有其具体的承载者，而报道这些具体承载者的状态能让受众有很深的感性认识。所以，将获得的线索具体化，是做好选题的重要途径。

在新闻界，有特色的独家新闻常常是一家媒体得以声名远播、公信力大增的重型武器。一旦从"线人"那里获得独家事实，就可以把它定为报道的储备选题。就科技类媒体而言，事实可以是科技成果及其推广应用，可以是党和国家的科技政策，也可以是科技工作者的成就、思想，科技界的问题、现象，等等。所以，请充分拓展、挖掘自己的"朋友圈"。

举一个印象比较深的例子。2012年4月9日，秦伯益、钟南山等30位院士联名致信《中国科学报》，对"中式卷烟"项目入选国家科学技术进步奖候选项目表示关切。这就是一条独家新闻。4月10~13日，《中国科学报》策划了院士"抵制烟奖"系列报道，引起社会舆论的强烈反响，数十家主流媒体转载，数万网友积极参与讨论，形成了很大的热度和关注度。在多方压力下，5月4日，"中式卷烟"项目退出参评国家科学技术进步奖。该系列报道对促成这一结果起到了关键性作用。

三、选题的可操作性

判断一个选题好不好，除了预测其是否"好看"，还要估计它是否"好做"。这个"好做"，就是指选题的可操作性，包括该选题是否符合当前相关的政策法规和宣传口径，选题中的事实本身是否具有可被报道的必要前提，能否找到合适的采访对象，媒体及报道团队或记者的个人能力是否具有相应的报道条件，采访的时效性及成本等。

好的选题是报道成功的一半，而且是最重要的一半。如果选题有现实意义，可操作性强，报道的成功率就高，成为有影响力的作品的概率也会提高。

第三章　科学新闻的采访

第一节 采访准备

采访是新闻记者搜集信息的过程，也是记者的必备技能。正所谓"巧妇难为无米之炊"，采访工作的质量在很大程度上决定了新闻稿件的质量。因此，做好扎实的采访，第一步就是要做好充分的采访准备。采访准备时首先要筛选与选题关联度高的专家，了解专家背景情况、做好资料准备，针对专家特点设计采访提纲。

一、选好采访对象

与其他报道不同，科技报道涉及的选题往往具有更高的专业性。通常，从事某一方面领域研究的专家很多，同一领域内的专家之间在研究的具体方向和技术路线上又会存在差异。对于长期从事某一专业领域报道的记者来说，很容易凭借资源库和经验来判断采访哪位专家更合适，但对于科技报道的新手来说，找到合适的专家却有些困难，下面的几个方法或许可以作为参考。

（1）根据专家在顶级期刊上出现的频率，筛选专家并了解其是否足够权威。顶级期刊（如《科学》《自然》《细胞》《柳叶刀》等）上的论文在刊发前会有严格的审稿和同行评议环节，因此在此类顶级期刊上刊发论文频次越高的专家，往往会拥有更高的同行认可度和显示度。记者可以在 Web of Science、Scopus 等数据库上输入所报道领域的专业词，查询适合的专家或输入想采访的专家姓名，了解专家是否足够权威。

（2）根据专家在重要会议上出现的频率，寻找专家并了解其在业内的认可度。很多大型国际学术会议会邀请专业领域内的知名专家出任主席或出席会议的开幕会。记者可以根据寻找专业领域的会议及其出席专家，了解专家在业内的认可度。

（3）根据其他专家的推荐，寻找本专业领域的相关专家。在已经接触到业内权威专家的情况下，如果仍然需要新的信源①，可以请熟悉的专家推荐人选。通常被圈内人推荐的专家往往拥有更高的可信度、权威性。

（4）从已有媒体报道中找专家或其他采访对象。一些专家尽管权威，但由于科研任务、学术活动繁多或个人性格等原因，不太愿意面对媒体，而经常出现在媒体报道中的专家则拥有更高的发表观点的热情，也从一个侧面体现了其与媒体保持互动的关系，记者约访这样的专家阻力会比较小。

二、做好资料准备

为了让采访能够更深入，在选定了采访对象之后，记者需要对采访对象做必要的了解，如了解采访对象的学科背景、关系背景，并做好相关专业知识的准备。

1. 了解采访对象的学科背景

了解采访对象的学科背景，可以帮助记者明确采访重点。每个学科都会有不同的详细分支，如在研究引力波的科学家中，有些科学家聚焦原初引力波研究，有些科学家聚焦所有从星体或星系中辐射出来的引力波；再如研究土壤修复治理的科学家中，有些科学家聚焦矿山修复，有些科学家聚焦淤泥修复。所以，在采访前，了解专家的具体研究方向和学科背景，才能有针对性地开展后续采访工作。

2. 了解采访对象的关系背景

了解采访对象的关系背景，可以帮助记者保持客观，避免被专家的观点牵着走。科学家服务于科研机构，有各自的师承关系、部门关系、项目合作关系、竞争关系，记者在采访前，尤其是在进行争议性话题的采访前，需要了解采访对象所处的各种关系，避免因为采访对象个人的倾向性导致报道出现不客观或具有倾向性的情况。

3. 了解采访相关的背景资料

了解采访相关的背景资料，可以帮助记者"站在巨人的肩膀上"开展报道。

---

① "信息来源"，主要指采访对象。

科学记者经常会接触不同专业领域的话题，同时在这些领域又缺乏专业知识储备，为了完成报道任务，同时也为了提高采访效率，在有限的时间内获得更多有效的信息，必须通过阅读已有报道资料和期刊论文资料，做尽可能充分的知识储备。

三、列好采访提纲

选好采访对象并做好相应的信息储备后，记者最好能按一定逻辑列出采访提纲。采访提纲是记者在采访前草拟的任务大纲，涵盖了采访目的、采访对象及采访内容等部分。采访大纲很多时候也充当了写作大纲的角色，可以作为采访结束后撰写稿件的逻辑框架。

采访提纲通常包括三个部分，①采访主题，如记者计划围绕什么话题开展采访，采访的目的是什么；②采访对象，写明记者将要采访的专家姓名及头衔；③主要问题，罗列出希望采访对象回答的问题。问题可以是开放式的也可以是闭合式的，最好是两者的结合。其中，封闭式问题类似判断题或选择题，是引导采访对象就具体问题做出明确回答的一种问题设置。

需要注意的是，采访提纲所列的问题并不是实际采访中与采访对象交流内容的全部，有时候甚至只占很小一部分。更多的细节问题、由问题引申出来的新问题，往往才是记者最关心的问题，也是稿件最需要的素材。如果采访对象提出要求，可以事先将采访大纲发给对方准备。

第二节 争取采访机会

在科技新闻报道中，恰当选择采访对象并争取到采访机会，基本决定了报道最终能否实现的问题。虽然也有没有采访到想采访的对象依然能够完成报道的情况，但这只是无奈之举。可以说，争取到最合适的采访对象或采访机会，往往意味着报道已经成功了一半。

一、充分了解采访对象

记者争取采访机会最经典的案例就是 1980 年 8 月意大利女记者法拉奇采访邓小平的故事。法拉奇先以"生日"为契机，并将邓小平与自己的父亲作对比，拉近了与邓小平的关系，给受访者留下了较好的第一印象。

正如本章第一节所言，采访前，记者首先要充分理解、吃透自己的采访选题，然后"按图索骥"寻找能够答疑解惑的采访对象。科技报道专业性很强，有些记者在采访前根本不知道自己所报道的选题中哪些已经被公开报道过，哪些还需要进一步探索，也不了解采访对象的特征和专业背景，让采访对象回答一些已经对外反复解释过的问题或已经表达过的观点，再或者让采访对象回答一些压根不是其专业领域内的问题，就很容易导致采访提纲发出去后迟迟得不到回应的情况发生，既不容易获得采访机会，也不利于做出有新意、有深度的报道。

二、通过关系获得机会

在科技界，很多科学家与同行交流较多，在业界人脉广，记者在平时可以多结识这些科学家，以便在关键时刻能够采访他们，或者通过他们获得新闻线索及其他采访机会。直接联系、采访到采访对象固然是记者期望的理想结果，但很多时候因为种种原因，联系采访的过程并非一帆风顺，特别是一些权威人士、机构负责人、"明星"科学家，一般媒体获得的采访机会非常有限。这时候如果想要达成采访意图，通过关系网络、第三方的引荐、转达，甚至是代替采访，不失为一个次优选择。

三、精心组织采访语言

有时候，不同的记者联系同一位采访对象会出现不同的结果。有些会被拒绝，有些会被敷衍，有些则聊得融洽而深入。采访对象愿不愿意接受记者的采访，一方面和记者所供职的媒体及采访对象与记者的熟悉程度有关，另一方面也和记者的语言表达技巧有密切联系。

会说话是一门本事。记者提出的问题要尽量避免引起采访对象的排斥和反感，有时候迂回的发问能够让问题"软化"，避免语言上的针锋相对，也容易降低采访对象的敏感性，从而获得采访对象的真实想法。这里需要区分的是，避免引起采访对象的抵触心理与刺激、引诱采访对象有本质的不同。

在科技报道中，记者经常会遇到科技人员之间关系错综复杂的情况。此时，需要记者在充分了解采访对象利益关系的前提下，润色采访问题，避免"撞到枪口上"，以更迂回的方式将采访顺利完成。

记者要注意采访的开场白。通过电话进行的采访尤其要注重这个方面。很多电话采访，记者是第一次联系采访对象，因此讲话就务求凝练清晰，突出主题，争取以适中的语速在简短的交流中表明采访主题，激发采访对象的兴趣，而不是东拉西扯、畏畏缩缩。并且，要尊重采访对象的时间，如果说了半天还让对方觉得云里雾里，那么对方接受采访的概率就不会高了。

四、采访不是一锤子买卖

一次优秀的采访往往会为今后的采访做好铺垫，也会赢得采访对象的尊重。在科技领域，科学家的科研工作是持续的，很多新闻也经常会发生在某一领域。例如，2016年激光干涉引力波天文台（LIGO）发现引力波之后，关于引力波的新研究、新发现频频出现。因此，记者要铭记"采访不是一锤子买卖"，每一次采访都是记者学习和积累资源、人脉的机会。记者要在采访结束时对采访对象付出的时间和精力表示感谢，并表明今后希望继续"叨扰"、合作的愿望，以便与采访对象建立长期的联系。

五、做好受挫的心理准备

对于记者而言，被拒绝的情况经常会出现，比如，采访对象在时间、地点上不具备接受采访的条件，采访对象自身对媒体存在戒备心理，采访对象受宣传纪律约束不便对媒体发声，或采访对象因话题敏感而不敢接受媒体采访等。

面对"非合作型"的采访对象，记者需要树立自信，对症下药，必要时可以适度地采用"激将法"。例如，可以用言语刺激采访对象的心理要害，激发采访对象做出回应的欲望，或者可以从采访对象的立场帮其分析利弊，比如不接受采访、不做出回应会导致因舆论持续发酵而更加被动，通过不同的方式"动之以情、晓之以理"，最终争取到采访对象回答问题。

总之，记者在约访采访对象时，可以做最坏的打算，尽最大的努力。正如《圣何塞信使报》的记者娜拉所言："如果前门被锁了，试着去敲后门，如果后门也被锁了，试着从窗户进去。"

第三节　怎样采访

根据约访情况，可能出现三种采访方式：一是面对面采访，二是电话采访，三是邮件等其他书面形式的采访。这些方式中，以第一种为最优，第三种一般是不得已而为之。同时，由于新的社交互动平台的普及，QQ、微信等采访方式也经常会被用到。

一、面对面采访

面对面采访是记者直接面对采访对象进行的采访，又称直面采访，简称面访。由于面访可以使记者与采访对象有更多的互动交流，因此是采访的最佳形式。面访可能包括一对一采访、一对多采访、集体采访。

（1）一对一采访。一对一采访是记者和采访对象的单独采访。在开展一对一采访时，记者需要针对不同特征的采访对象，选择不同的着装。例如，采访大使馆科技参赞时，尽量选择正式的着装；在采访野外工作的科学家时，可以选择相对轻松的着装或户外装。有针对性的着装可以拉近与采访对象的心理距离，也是良好职业素养的一种体现。在选择采访地点时，记者可以根据采访对象的需求商定采访场合。一般而言，非正式的场合比较适合进行采访，有助于营造一种宽松讨论的氛围，而正式场合往往容易让采访对象产生戒备心理和紧张情绪。在采访时间方面，记者需要提前10~15分钟到达约定地点，既熟悉环境，又可以做采访前的准备。对于一些正式场合的采访，记者迟到甚至可能被视为一个严重的工作失误。

（2）一对多采访。一对多采访是记者在同一时间、场合采访多位采访对象。这种情况通常发生在采访科研团队时，此时记者需要注意平衡各位采访对象的发言时间，让采访对象之间的表述形成相互补充。同时，这样采访虽然便于搜集"面"上的素材，但同时会失去很多"点"上的信息，因此有时候往往需要补采来完成报道。

（3）集体采访。集体采访是多家媒体的记者采访一位或多位采访对象的情况。这种采访中记者既需要关注、记录同行们的提问，更要根据自己的采访主题及时抓住提问机会，简化问题、清楚提问，争取让采访对象能够感兴趣、多谈一些。

无论采用何种形式的采访，记者在面访中都需要注意采访对象的肢体语言。肢体语言往往能体现采访对象的心理状态。记者可以根据采访对象的肢体语言调整采访内容。如果采访对象双臂交叉，可能意味着其心理防线仍然没有放下，此时记者可以选择较轻松的话题，迅速拉近与采访对象的距离。

同时，记者还要注意采访对象的微表情。微表情是采访对象面部一闪而过的表情。如果采访对象中断了与记者的目光交流，可能表明采访对象正在回忆；如果采访对象下巴扬起、嘴角下垂，可能表明采访对象有自责的感受。善于抓住细节，不仅有助于记者获得更多信息，还为稿件写作提供了丰富的素材。

不仅如此，记者还需要注意提问技巧。科技报道较专业，一些专家常用专业术语，这时记者需要注意诱导采访对象用比喻、浅显的方式对科学原理、知识点进行表达，引导采访对象讲故事、讲细节。同时，对于一些采访对象表述模糊的地方，记者需要及时发现并追问细节，变换角度反复提问，或通过观察、体验的方式采访，还可以要求采访对象进行演示、操作和现场展示，从而真正搞懂模糊之处，加深对事物的印象和理解。

二、电话采访

在追求独家新闻的今天,电话采访已经成为媒体记者"抢"新闻的重要方式。电话采访是一种采访形式,在很多情况下能够补充其他采访的不足,使得采访可以快速完成、迅速成稿。如果采访对象与记者不在同一地点或采访对象无法安排出独立的时间接受记者采访,可以选择进行电话采访。

在非暗访的电话采访中,记者首先要向采访对象表明自己的身份,清晰地说出自己所在的单位和姓名。接着,记者可以询问采访对象是否方便接电话,在得到肯定答复后简要说明自己采访的目的及问题。如果采访对象不方便长时间接听电话,记者可以与采访对象另约时间,待采访对象有充足时间时再详谈。

电话访谈进行中要注意倾听电话中的背景音,如电话铃声、门铃、有人说话等,此时应询问采访对象是否需要离开处理,表明对受访者的尊重。

采访过程中,记者要注意采访对象的语气。语气往往也隐含着信息。如果采访对象在语气中经常出现"嗯""啊"时,如果不是采访对象的话语习惯,则可能说明采访对象在掩饰一些内容或对记者所提的问题并不熟悉,此时记者可以有针对性地开展追问。采访结束时,可以向采访对象表明如果此后仍然存在问题,还会进一步与其进行电话沟通,确保后续采访仍能进行。

三、邮件采访

如果采访对象既不能面访也无法接听电话,如采访对象正在国外出差或休假,而报道任务并不紧急,记者可以采取邮件采访的方式完成采访任务。

在写邮件时,邮件主题需要表明采访主题和媒体名称,如"××报关于×××(采访主题)致×××(采访对象姓名)的采访函"等。邮件正文中详细写明自我介绍、采访主题和采访问题,写明希望采访对象在什么时间前答复,并表达自己的感谢。在邮件结尾写明个人姓名、所在媒体及部门、个人联系方式、地址等。

在邮件发送后，可以通过短信或电话方式告知采访对象，确保其及时查收邮件并掌握采访对象的回复时间。

四、其他采访形式

随着通信技术更新换代，社交平台也在逐渐更新，记者还可以采取其他方式进行采访，如借助微信平台用文字聊天、语音聊天、视频聊天的方式进行采访。如果是外国科学家，还可以使用 FaceTime 等进行采访。

第四章　一些不同的采访类型

第一节　特殊场合的采访

特殊场合的采访主要可以分为三大类：第一类是记者招待会，第二类是新闻发布会，第三类是领导人的视察调研等活动。

一般情况下，重要领导人发布新闻常会采用记者招待会的形式进行。记者招待会是政府与社会进行信息通报、舆论沟通的平台之一。新闻发言人发布新闻常用新闻发布会的名义。政府部门、企事业单位都会召开新闻发布会。此外，重要领导人的视察、调研、会见、签约等活动也是记者可能遇到的特殊场合采访活动。

一、记者招待会的采访

政府记者招待会的形式发源于美国，继而被世界各国效仿。在我国，自严重急性呼吸综合征（"非典"）之后，政府记者招待会的形式得到较充分的发展，成为政府及时公开信息并与公众交流的有效平台。

我国最受关注的记者招待会当属每年全国两会期间的记者招待会。两会记者招待会会安排政府官员和有关人士回答媒体记者的提问。在全国人民代表大会闭幕后，国务院总理还会召开记者招待会，与中外记者见面并回答记者提问。

在参加政府记者招待会时，记者要严格遵守采访纪律和规矩，注意审稿、发稿原则，并注意捕捉"规定动作"之外的信息。

1. 采访纪律与技巧

记者招待会是非常正式的报道活动，前往参加的记者应尽量选择正式的着装，女性可以选择鲜艳的正装。同时，记者招待会会邀请和吸引大量记者前往参加，因此记者需要提前到达，以便抢占好的采访位置，也为争取到提问机会做好准备。

在会议开始前，工作人员通常会向到场记者宣布采访纪律，包括要求记者将手机调至静音，不准来回走动，不在提问时长篇大论、大问题套小问题等。记者应当遵守基本的采访纪律，不干扰活动进展。

由于记者招待会时间有限，提问机会（名额）也有限，记者必须尽力寻求发言的机会，积极争取发言的权利。为了尽可能获得提问机会，有的记者会将媒体名字写在 A4 大小的纸板上，并在主持人示意可以提问时将纸板举起，以吸引主持人的注意。

获得提问机会后，记者应当言简意赅地介绍自己所在媒体名称，并直接提出问题。因此，记者有必要提前准备问题。记者同时要认真聆听他人的提问和发言人的回复，并从中抓取与科技相关的新闻点。

2. 审稿流程与发稿时间

为了确保新闻内容的准确性，特别是领导人讲话内容的准确性，通常有重要领导人出席的招待会、新闻发布会及其他活动的稿件，需要经过中共中央办公厅或国务院办公厅审稿。

3. 捕捉常规流程外的细节

在严肃、正规的记者招待会上，记者可以尝试捕捉常规流程外的细节，以丰富稿件内容。常规的一问一答采访流程中，常常透露了很多未来发展的方向性信息。比如，2012 年第十一届全国人民代表大会第五次会议闭幕后，国务院总理温家宝在人民大会堂三楼金色大厅与中外记者见面，回答记者提出的问题。这是他最后一次在两会后举行记者会，有媒体抓住了他在语速、动作等细节上的一些特点进行描写，使报道更加富有人情味。对于细节的敏锐观察往往可以丰富稿件内容，成为形成新文风的素材。

二、新闻发布会的采访

新闻发布会是记者获取新闻线索的一大来源。科技领域的新闻发布会一般包括以下几种情况。

一是科研进展类新闻发布会。例如，某项重要科研成果即将在重要学术期刊上发表。在参加此类新闻发布会之前，记者尽可能先通过发布会的组织方获得科研进展的有关资料，进行采访前的知识储备，并明确需要采访的问题。在发稿时间上，遵守行业规则，避免抢发新闻，明确统一发稿时间（国际类期刊通常称为"embargo"），避免因抢发新闻给科研人员带来不便。

二是科技产品上市类新闻发布会。此类新闻发布会多由企业组织开展，并会在采访前后提供新闻通稿。采访中，记者需要防止被企业利益"绑架"，对新闻通稿或受访对象存在明显倾向性、夸大性的表述加以警惕或修正。

三是科技类事件新闻发布会。例如，中国科学技术协会在每年开展科技活动周之前，都会召开新闻发布会，公布科技活动周的主题、活动地点、布展情况等，以便媒体和公众可以提前了解活动信息并参与活动。此类采访中，记者一定要站在公众的立场上，了解公众最想了解的信息，以便增强新闻的实用性。

三、领导人视察调研活动的采访

有重要领导人参加的视察、调研等政务活动，记者需要注意处理好遵守采访纪律和做好政务报道创新的关系。由于活动本身的规格高，因此重要政务活动的采访报道需要更加谨慎。既要严格遵守相关纪律、安全、程序、内容等方面的特殊要求，也不放弃报道形式创新、文风转变、在"规定动作"之外发掘新闻的大胆尝试。

领导人活动的报道，最重要的是准确性。记者要时刻紧绷政治弦，以高度的政治敏感察觉领导人调研讲话中的新闻点。在报道活动开始前，记者应尽可能获取一些活动背景、主要内容等相关信息，只有这样才能抓住活动中领导人的主要讲话精神，保证报道的准确性。所谓准确性，不仅指对活动内容、程序记录的准确无误，更在于遵照一定模式的真实贴切的文字表达。涉及多位领导人出席的活动，记者尤其要核实清楚出席人员的姓名、头衔、排序等。这也是此类报道的特殊性体现之一。

需要指出的是，领导人的活动报道在强调安全第一的前提下，依然对内容、形式及传播方面的创新有较强烈的需求。因此，在参加此类采访活动时，记者可以在遵守采访纪律、不干扰活动正常进行的同时，眼观六路、耳听八方，捕捉富有正能量、生动鲜活的细节。在新闻报道中，细节描写是表现人物风貌、精神、内心活动的常用手法。在严肃的政务报道中，捕捉和展现细节不仅可以让政务新闻活泼起来，还可以改善读者的阅读体验，让此类新闻达到更好的传播效果。

第二节　集体采访

集体采访是区别于个别访谈的一种常见采访形式，即围绕某一主题或事件，来自多家媒体的记者同时对一名或多名受访对象进行集中采访，或者就某一共同主题进行集中时段采访的形式。这种采访多数是有组织的报道行为，其最主要的特点在于采访资源、采访信息公开共享，往往引起不同媒体、不同记者间的"同题竞技"。在这种采访环境中，最重要的是在"非独家"条件下尽量以独特的视角获取独家信息、挖掘有价值的素材，从而拿出更具时效性、区别度和宣传效力的新闻作品。

新闻发布会是一种典型的集体采访形式。当社会发生重大事件或组织机构有重大活动进展时，往往会主动向新闻界公布信息，组织发布会并邀请相关媒体记者到会进行采访报道。会议组织方通常会为媒体准备通稿等相关素材。但对记者而言，重要的仍然是获取尽可能多的独家有效信息。在新闻发布会上，通常只有少部分记者能在给定的提问环节抢到提问机会。那么如何争取提问机会呢？首先可以在会前主动与组织方沟通，阐明自己所在的媒体、报道方向、主要问题，力图让对方了解所提问题及报道的重要性；其次，在提问环节中，要积极展现提问意图，可向采访对象和主持人举手示意，必要时甚至可以直接站起提问；最后，要注意寻找其他采访机会，既定提问环节"狼多肉少"，会议前后、中途茶歇甚至有关人员如厕归来时，都是可以"追截"采访对象的好时机。

除了正规的新闻发布会，集体采访其实随时随地可以发生。当有新闻价值的事件和人物出现时，往往会吸引记者蜂拥而至。在这种情况下，记者不仅要心系自己最关注的问题，也要时刻留意其他媒体的关注方向，争取以独特的视角提出有新意、有区别度的问题。

此外，另一种由机构、组织围绕明确主题进行的集体采访活动也较普遍。例如，媒体、政府部门或公益组织经常举办的"记者行""采风"等活动，就是围绕一个相对宏观的主题而开展的系列采访活动。这类集体采访相对比较随意，采访的点或内容也比较多，采访行程一般都是安排好的。这时候就很容易体现不同媒体、不同记者的视角选取、内容发掘乃至职业素养差别了。如何拿到"独家"的素材、"有料"的内容，就非常考验记者的采访经验和临场应对能力了。在这种情况下，记者既要懂得多问、抢问，也要学会抓时机"偷偷提问"，同时善于观察揣摩，以获取更多信息和细节，从而丰富自己的报道。

在集体采访中，除了多家记者同台竞技外，也常常同时存在多位受访对象。这时，除了关注那些"关键人物"，记者不妨放宽眼界，多跟一些容易被忽略的采访对象或不被视作"采访对象"的人聊聊，也许会获得一些意外惊喜。

有些集体采访因为行程安排等原因，很容易变成碎片化、浅尝辄止的采访。因此，记者有必要拿到一些采访对象的联系方式，方便事后寻找机会进一步补充采访，或为后续报道做好准备。

总而言之，对新手记者而言，集体采访是非常好的观摩、学习机会。一方面，在采访过程中，新手有机会目睹其他媒体同行的采访过程，学习他们的提问角度和技巧；另一方面，当多家媒体针对同一事件的报道纷纷发出后，哪家报道最快、题目吸引人、角度有新意、写作娴熟，都值得对比、品评、吸收和借鉴。

第三节 会 议 采 访

对科学记者而言，会议报道是一类常会遇到的采访任务。而科技会议具有一些特殊性，常给媒体报道增加了难度和挑战。

第四章
一些不同的采访类型

大型科技会议往往围绕某一研究领域邀请全国乃至世界各地的前沿科学家汇聚一堂，交流成果、探讨学术、推动学科发展。会议议程中，除了常规的开幕式、闭幕式外，最核心的环节往往是其间举办的一系列高水平学术报告会。

通常，科技会议都有明确的主题，大多数记者都会倾向于在采访报道中突出这一主题。在此基础上，一篇科技会议报道的质量往往取决于记者从这些学术报告中提炼信息、整合要素、挖掘亮点的能力。下面就从这个角度介绍一些会议采访中的技巧问题。

做会议报道，不能打无准备之仗。通常在会议开始前，记者就会收到电子版的邀请函或会议手册，内容包括会议的简单介绍、时间、地点等基本信息以及会议的主要内容。特别是会议手册，一般会介绍主要报告人和报告题目，记者可以从这些简单罗列的题目中判断会议的重要程度，并初步筛选出感兴趣的报告内容或话题。同时，记者也能够对自己的采访计划做出合理安排，如哪几场学术报告值得听（采访）、哪些报告可以略过，对于有冲突的学术报告则需要做出取舍。同时，记者也可以对要报道的科学领域做一些资料准备，尤其是面对一些陌生领域，更需要提前了解一些基础知识，不至于上会时完全找不到感觉。

会议采访，基本工具的准备是必须要做的，如笔记本电脑、录音笔、相机（一般情况下手机也能实现录音和照相这两部分功能）、纸和笔。会议开始前，可以先询问主办方是否能提供通稿、会议速记、部分讲话稿等资料。如果主办方提供，就可以省出精力去做采访；如果不提供，就要做好会议记录、录音、拍照。录音笔尽可能放在距离报告人近的地方或靠近会场音响的地方；如果不能保证会后拿到报告人的演示文稿，就可以在做好录音的基础上，用手机把一些有价值的要点拍下来；可以选择性地对部分内容进行录音，并辅以纸笔记下要点，方便后续查找。

听会过程中，不应拘泥于会前预拟的报道主题及框架，而应时刻注意挖掘新的亮点，注重"抓活鱼"。有时，报告人抛出一个观点或问题后，引发了参会人员的热烈回应，这无疑是有报道价值的主题出现时的一个信号；有时，多位报告人的报告尽管主题各异，但却不约而同地提到了某个问题，也是值得记者关注的一些兴趣点。会议报道要突出会议最有价值的信息，没必要梳理整场会议的内容。记者应该淡化会议本身，抓住兴趣点，先让自己听得懂、感兴趣，才能确保带给读者有趣、有用、有意义的内容。

此外，科技类会议的报告人很多都是相关学术领域的"大咖"，是极具价值的采访对象。为了写出与其他媒体不同的会议报道，记者有必要积极争取更细致的私下采访。当确定报道主题及写作思路后，就应锁定报告人，在会议间隙争取采访，有时甚至可以将报告人叫出会场进行单独采访。并且，在采访的同时要向这些学术"牛人"索要联系方式，方便后续采访和写稿。

值得一提的是，参加会议报道，眼光绝不可只局限于会议。会议是最大的资源聚集地，也是科学记者学习某一领域知识，与某一领域名咖大家建立联系的宝贵机会。记者应当珍惜每一次的上会机会，给自己充电，并且多收集相关专家的联系方式。如果有可能，应争取多参加某个自己感兴趣的领域的会议。随着这样的经历越来越多，普通记者也就向专业记者的阶段更进一步了。

最后强调一点，很多高水平的学术会议都有国外学者参加。这对科学记者的英语水平提出了较高的要求，因此记者有必要掌握一些学科领域常用的科技术语。

总之，会议报道并非如想象中那么呆板、枯燥，而是一个需要多方学习和自我完善的系统工程。充分利用上会机会，将对记者的成长极有助益。

第四节　两 会 采 访

两会是对中华人民共和国全国人民代表大会和中国人民政治协商会议的统称，每年3月举行，会期持续大约10天。两会是每年全国人民政治生活的重头戏，当然也是媒体每年的重要报道任务之一。各主要媒体每年都会推出体量较大、持续时间较长的两会专题或特刊。

按照时间顺序，两会报道分为会前预热报道和会议期间报道两个阶段。每年

第四章
一些不同的采访类型

1~2月，各大媒体即启动两会报道计划。预热报道主要是采写记者熟悉的代表、委员准备的议案和提案，请代表、委员就其所关注的热点话题发表观点。同时，编辑部还会聚焦策划一系列热点话题，以代表、委员为主要受访对象形成一系列话题通讯，在会前和会议举办期间刊发。

会议期间的报道是两会报道的重头戏，以抓现场新闻为主，即业内所说的"抓活鱼"。一般而言，各个报社会派出多名记者上会报道，分兵全国人民代表大会和中国人民政治协商会议。上会记者多是经验丰富、能力突出的业务骨干，尤其擅长"抓活鱼"。

对于像两会这样重大的会议报道，要如何准备、如何应对才能保证顺利完成任务呢？

1. 治好"脸盲症"

对于跑两会的记者，尤其是第一次上会的记者而言，第一个挑战就是熟记代表、委员的名字、长相和工作领域。做到这一点没有捷径。一方面，要求新记者平时多进行面对面采访，把采访对象变成脑海中的"熟人"；另一方面，也需要新记者在上会前做好"对号入座"的功课，筛选所关注领域内的代表、委员，核对他们的个人信息，同时浏览他们的照片，做到心中有个大致的印象。这项工作的效果将在会议开幕第一天就得到检验。《中国科学报》于2016年3月4日刊发的全国政协会议开幕稿件《科教领域委员热议"五大理念"》[1]，是距离开幕式还有一个半小时，该报记者在人民大会堂东广场成功"拦截"了多名政协委员而获得的采访内容。当时，虽然每位委员都佩戴了胸牌，但如果不熟悉他们的样貌和名字，是很难找到合适的话题采访对象的。这也是为什么很多第一次上会的记者在面对这些"行走的采访对象"时，却生出无从下手的感觉。

2. 关注"带新闻上会"的委员

科技领域的代表、委员往往承担着一些国家重大科技项目，因此他们也会对会议期间的媒体采访有所准备，透露关键时间节点和相关科技进展。对这些代表、

---

[1] 甘晓，倪思洁. 科教领域委员热议"五大理念". 中国科学报，2016-03-04：01.

委员的采访相当于参加了一个微型的新闻发布会，上会记者在中国人民政治协商会议召开第一天，便应高度关注这些科技界委员的动向，前往他们所在会场"蹲守"。例如，叶培建委员在 2014 年两会期间透露了嫦娥五号的发射时间、2016 年两会期间透露了中国探测器于 2021 年到达火星等；潘建伟委员在 2017 年两会上透露了量子通信京沪干线即将运行的消息。类似稿件不用长篇大论，更适合以短平快的消息形式及时推出，也往往会获得很高的关注度。

3. 关注科技界的热点话题

一般而言，政协会议中的科技、科协、教育、农业等界别，是科技类媒体关注的重点领域。在上会前熟悉这些领域的热门话题，将会对旁听讨论有一定帮助。在科技界，人才评价体系、科技奖励等和科研人员切身利益相关的话题都会成为委员们热议的话题。上会记者需要在日常工作中积累对这些问题的不同观点、各种建议，以便在旁听讨论时不会"掉线"或"失焦"。例如，2016 年《中国科学报》上会记者在讨论会上了解到一名委员反映的人才计划不规范的问题，结合现场情况，采写了《从一条短信说起——人才计划乱象须规范管理》[①]一文；结合一些委员就政府工作报告中的工匠精神发表的精彩观点，采写了《"身怀绝技"的人去哪儿了？——"工匠精神"引发政协委员热议》[②]一文；就一名委员在有部长列席的讨论会上反映的科技奖励的问题，采写了《政协委员质疑科技奖励到底给了谁：为何"前五名都不是干活的人"》[③]。

4. 写作格式

稿件应格外强调现场感和细节，并如日常报道一样重视逻辑结构。例如，"3 月 3 日下午，全国政协会议在北京春日的雾霾天里拉开了帷幕。""李晓林抬头看了看天，向团团围住他采访的记者表示……""那天开全体会议时，坐在我（委员）旁边的一名委员的名牌夹一直没法掰开。身边好几个'大力士'帮忙，都没能解决这个问题。"两会报道中很多稿件都要求当天采写当天发出，因此对上会记者

---

① 甘晓. 从一条短信说起——人才计划乱象须规范管理. 中国科学报，2016-03-07：04.
② 甘晓. "身怀绝技"的人去哪儿了？——"工匠精神"引发政协委员热议. 中国科学报，2016-03-10：01.
③ 甘晓. 政协委员质疑科技奖励到底给了谁：为何"前五名都不是干活的人". 中国科学报，2016-03-14：04.

的采访及快速成稿能力有非常高的要求。因此记者要尤其注意稿件内容的准确性、逻辑的严密性及文字表达的清晰流畅。

第五节　院士大会采访

中国科学院院士大会是中国科学院学部的最高组织形式。中国工程院院士大会是中国工程院的最高权力机构。院士大会是科技类媒体重点报道的新闻事件之一。

要报道好院士大会，必须先了解院士大会的历史。自1955年中国科学院学部成立大会召开以来，1957年、1960年、1981年、1984年、1992年中国科学院学部先后组织召开了第二～第六次学部委员大会。1993年，国务院决定中国科学院学部委员改称中国科学院院士。1994年，中国科学院第七次院士大会召开，中国工程院成立并举行第一次工程院院士大会。此后院士大会形成了每两年召开一次、公历逢双年份举行的制度。

和两会类似，科技类媒体在院士大会期间也会派记者赴会议现场开展采访。但是，新记者需要了解的是，院士大会和两会在面对媒体的开放性方面有所不同。由于院士大会会议期间涉及讨论学部工作，许多议程并不对媒体开放。因此，从这个角度上讲，跑院士大会比跑两会更难抓新闻，更需要记者在会下做足功课。关于院士大会的采访，有以下几个要点需要注意。

第一，关注院士如何解读中央科技创新思想。国家高度重视院士大会的召开，按照惯例，在大会开幕式上往往会有国家领导人发表重要讲话。那么，记者在接下来几天的会期中，可以集中围绕院士对有关讲话精神的理解进行采访。例如，2016年院士大会上，习近平总书记强调把科技创新摆在更加重要的位置，并发出向建设世界科技强国进军的号召。由此，记者就建设世界科技强国的话题采访了多名院士。

第二，带着问题上会。院士大会，参会的都是院士。平时想联系采访往往会比较困难，而报道院士大会则给了记者近距离采访院士的极佳机会。记者可以带着平时积累下来的问题或最近在领域内有热度的话题在会上找院士采访。例如，记者对高端材料领域的话题感兴趣，但平时难以接触到相关科学家。2016年院士大会期间，《中国科学报》的记者"追"到了哈尔滨工业大学的韩杰才院士，作了如下报道。

先进高端材料，是性能满足特殊要求的一些材料。"这些材料核心、关键，比例又不太高。"韩杰才表示。制约我国先进高端材料发展的因素之一，便是许多核心技术尚未突破。在韩杰才看来，我国材料领域的科学研究水平并不低，"发表的论文、影响力、人才队伍，都排在世界前列，仅次于美国"。"但是，要让高水平的研究成果变成产品、商品，还要解决可靠性、寿命及质量等问题。"韩杰才强调，"不能止于科学研究中的某个高指标。"韩杰才看到，当前，材料科学研究中，确实存在只为尽快发表高水平论文拿到成果的浮躁心态，而缺乏对更深层次的核心机理、工艺参数的研究。"这种'粗放式'的研发，导致我们的东西存在缺陷或商业化过程不够。"[1]

总之，对院士大会的采访要求既具有高度政治敏锐性，又具有一定深度和广度的科技视角，这需要上会记者具有较高的业务水平。

第六节　发射任务采访

随着航空航天事业的快速发展，近年来我国的发射任务越来越频繁，该领域也成为科技类媒体报道的重点内容之一。发射，是航天任务众多的时间节点之一。采访发射任务要求记者前往发射场，深入新闻第一现场，带回鲜活的新闻素材。

我国目前拥有四大卫星发射基地。其中甘肃酒泉卫星发射中心始建于1958年，四川西昌卫星发射中心始建于1970年，山西太原卫星发射中心始建于1967年，海南文昌卫星发射中心始建于2009年。在重大航天任务中，载人航天工程发射任务大多在甘肃酒泉卫星发射中心进行，探月二期工程的发射则基本在四川西昌卫星发射中心进行，将来的重型火箭及一些商业航天项目将集中在海南

---

[1] 引自甘晓. 核心技术是高端材料自主供给的关键. 中国科学报，2016-06-04：04.

文昌卫星发射中心。近年来，包括"悟空""墨子""HXMT"等在内的中国科学院空间科学卫星发射任务也在四川西昌卫星发射中心进行。

报道发射任务，记者需要注意以下几个要点。

1. 不是只为了报道发射而去现场

航天任务是一项综合任务，包含战略计划、科学目标、工程技术、人才队伍等方面，发射只是最能彰显一项航天任务亮点的节点。所以，记者前往现场报道的绝不只是发射这一环节，而要对航天任务有整体把握，才能挖掘到丰富的新闻点。例如，2011年神舟八号飞船在甘肃酒泉卫星发射中心发射，此次发射没有航天员上天，只是一次试验性发射，和其他载人航天发射任务比起来，显得亮点不足。但记者要了解，神舟八号在整个载人航天工程中的意义是完成无人交会对接，为后续空间站建立奠定技术基础，是载人航天"三步走"战略第二步中的重要任务。例如，有新闻报道这样写道："2011年11月3日01：36，神舟八号无人飞船和天宫一号目标飞行器依靠交会测量设备的引导，利用对接机构，在距地面343千米的轨道上首次对接成功，实现了两个航天器的刚性连接，形成组合体。神舟八号此行有两个重要使命，一是突破空间自动交会对接技术，二是实现载人飞船的定型。"2015年12月"悟空"号暗物质粒子探测卫星发射时，新闻报道写道："这颗暗物质粒子探测卫星的发射升空主要有三个科学目标，即通过在空间高分辨、宽波段观测高能电子和伽马射线寻找暗物质粒子，期望探寻暗物质存在的证据，并研究暗物质特性与空间分布的规律；通过观测TeV以上的高能电子以及重核，在宇宙射线起源方面取得突破；通过观测高能伽马射线，在伽马射线天文学方面取得重要成果。"只有带着对整个任务的全面理解，记者到发射现场才能开展采写。否则，每次发射现场对记者而言就是几近雷同的宏大场面而已。

2. 对主办单位、合作单位承担的任务做到心中有数、予以突出

我国重大航天任务以国家为主导，参研单位较多，记者要与主办单位、合作单位联系，在赴发射场采访之际采访科研一线人员，从而带回一些鲜活、独家的

故事。仍以神舟八号发射为例,记者在发射场区内找到了中国科学院与德国科学家合作的项目组,采写了有关神舟八号开展生命科学实验的新闻稿。

17项生命科学试验中,由中科院水生生物研究所和德国埃尔兰根大学联合实施的"空间简单密闭生态系统探索研究"备受关注。这也是其中唯一的中德联合实验项目。……还有10项中方实验项目和6项德方实验项目的33种样品将随着神舟八号飞船一同"飞天"。这些样品包括水稻愈伤组织、拟南芥、天蓝链霉菌等植物细胞,也包括人类甲状腺癌细胞、人类单细胞等动物细胞,还有14种蛋白质大分子。[①]

这些详细的内容是之前提供给媒体的公开素材中没有或相对模糊的,记者借助主办单位、合作单位的资源,采访到一些相对独家的内容。

3. 注意发射场区纪律

发射场区也有自己的保密要求。新记者首次赴发射场采访,首先要在地理位置上不越线,不乱跑乱闯。其次,采访活动最好事先通过官方渠道联系好,再与采访对象确认采访时间、地点。最后也是最重要的方面,不要在报道内容上涉密、泄密,更不要在内容的准确性上存在丝毫偏差。需注意,不要在发射任务正式宣布成功前抢发新闻稿。

发射任务采访结束后,并不意味着新闻报道就此结束。记者还需长期关注发射卫星的动向、关键节点,随时准备围绕任务开展新的采访活动。

第七节 针对融媒体平台的采访

媒体的本质是传播信息,而互联网时代信息技术的发展颠覆了人们获取信息的方式。如今,传统媒体的文字和少量图片早已不能满足大众对信息的需求,媒体融合时代已经势不可挡地到来了。

[①] 引自甘晓. 中德牵手"神八"空间生命科学实验. 科学时报, 2011-11-02: 01.

第四章
一些不同的采访类型

"融媒体"既是一种传播理念,也是一种运作模式。它将视频、音频、文字、图形等诸多媒体形态与报纸、电视台、网站、微信公众号、计算机应用等媒介结合,实现了更丰富多样的内容生产和更广泛的信息传播。

媒体融合的飞速发展进程给媒体机构、记者都带来新的机遇和挑战,也对信息采集、加工、传播等主要环节与流程带来前所未有的变化。

针对融媒体平台的采访,记者的工作内容将变得更加丰富,除了常规的语言互动式采访外,还要尽可能采集到多种形式的资料,为后期的集成、加工、分发提供更多素材和选择。

融媒体内容的生产流程是策划先行的,首先要对有价值、值得操作的选题进行快速反应。记者同后方编辑应作为一个团队迅速制定报道方案,方案须同时考虑呈现的效果和可操作性——既要量力而行,不超出团队和所在媒体机构的执行能力,确保选题顺利落地;更要尽力而为,尽可能充分调动一切可以调动的资源,特别是媒体机构独有的资源,做出特点,做出亮点。

确定报道方案后,就进入非常重要的信息采集阶段,这也是最考验记者的一个环节。融媒体时代的记者需要锻炼"一专多能"的本事,写得了文案、拍得了照片、录得了视频、上得了镜头、亮得了声线。总之,要尽可能运用不同技术手段,实现文字、图片、音视频的全方位采集,并且所有材料在采集环节就要考虑趣味性、热点性、话题性。

这样一来,采访行为的重点也发生了一定改变。传统纸媒的采访注重信息收集,不管是当面采访、电话采访还是社交软件采访,最终都要将对话内容转化为文字编织进报道中。而在融媒体时代,采访过程本身的呈现变得越来越重要。记者需要思考的是,如何让采访更"好看"、更有"交互性"。例如,为了增强采访的画面感,可以充分运用灯光、背景、音效、动画等技术手段为作品增色;可以灵活应用网络视频、语音连线等采访模式,让报道更加活泼,更符合现代社会人们的交流方式。

在这里,还要特别谈一下文字稿的写作。传统媒体记者在向新媒体和融媒体时代转型时,常常会感到难以适应,因为不同平台和不同读者群对文字作品的口味、兴趣和要求有很大差异。因此,不管已经有多少年的从业经验,记者都应当有意识地培养自己的新媒体思维和新媒体技能。

那么，网站和新媒体平台需要什么样的文字稿件呢？首先是更强的时效性和更高的话题度。当一个众人瞩目的热点话题出现时，记者应当及时跟进。这时有两大选择：一是就热点话题本身进行有新意、有价值、有深度的探讨；二是撷取热点中的关键词或某一方面，阐发自己想要表达的其他内容，即所谓的"蹭热点"。无论是老老实实地跟热点，还是"投机取巧"地蹭热点，原则都在于扎根自身定位、坚持自身特色、输出优质内容、争取最佳传播。

其次，传媒新时代对创作者的文风提出了新要求，"说人话""有趣味""讲故事""上干货"才是硬道理。具体写作手法上，需要打破传统报纸文章的体裁限制，让文本结构更灵活地为内容需要服务，让文字表达更贴近于现实生活，同时要兼顾阅读体验和视觉效果。长篇大论往往行不通，更简洁的段落、更鲜明的论点、更有节奏感和时尚感的遣词造句会大大提升作品的受欢迎程度。

最后也是最重要的一点，就是要为文字作品找到最好的立意。即便是主旋律的宣传稿，也要找到最能打动普通人的某一点，然后围绕这个"点"来聚拢信息、巧妙地架构文章，从而使文章能够触动人心。

融媒体时代一大显著特点就是素材的后期制作占据了重要地位，直接影响了作品的传播效果。图文短新闻、直播、公众号文章乃至看起来更加酷炫的 H5 数字产品……要制作出卖相出色的作品，前方"打猎"的记者和后方"烹饪"的编辑必须以前所未有的深度开展合作，按照网站、手机和特殊终端等要求，生产出不同标准的内容。进一步讲，在融媒体环境下，记者和编辑的界限越来越模糊，更好的选择是打破职权界限，建立成熟、才能互补的创作团队，一切组织模式的革新，最终目的都是打造更具传播价值的产品。

第五章　科学新闻写作

第一节　几种常用新闻体裁

新闻体裁是新闻内容的表达方式，也是新闻内容最常见的分类方式。对科技新闻报道来说，常见的新闻体裁也不出其右。主要的新闻体裁包括消息、通讯、特写、评论。

下面重点介绍一下记者日常工作中接触最多的几种新闻体裁。

一、消息

消息是对新近发生的事实的简短报道，是报纸、广播、电视新闻中使用最广泛、最经常使用的一种新闻体裁。新华通讯社、美国联合通讯社等新闻机构每天的发稿中大多数也都是消息。

消息讲求真实性、时效性，以篇幅短小、文字精练为基本特征。消息由标题、导语、主体、背景等几部分构成，通常需要包含新闻五要素，也就是 When（何时）、Where（何地）、Who（何人）、What（何事）、Why（何故），有的消息还需要补充一个 How（如何）。例如下面这篇消息[1]：

"墨子号"提前完成既定科学目标
中科院空间科学卫星"不断档"

本报讯（记者丁佳）……8月10日，世界首颗空间量子科学实验卫星宣告提前完成既定科学目标。日前在北京召开的新闻发布会上，中国科学院院长白春礼表示，中科院实施空间科学战略性先导科技专项以来，我国空间科学研究上了一个大台阶。（导语）

白春礼透露，为进一步落实习总书记关于"推动空间科学、空间技术、

---

[1] 引自丁佳．"墨子号"提前完成既定科学目标　中科院空间科学卫星"不断档"．中国科学报，2017-08-10：01.

空间应用全面发展"的指示，中科院在空间科学先导专项中，对"十三五""十四五"期间的科学卫星进行了安排和部署。

这些计划聚焦当前国际重大基础科学前沿，包括宇宙的起源、黑洞、引力波、系外行星探测、太阳系资源勘探、太阳爆发机理、地球空间暴及其粒子逃逸、水循环和全球变化的关系等。

截至目前，中科院与欧洲航天局联合支持的太阳风—磁层相互作用全景成像卫星已经立项实施，爱因斯坦探针卫星、先进天基太阳天文台卫星已经启动立项综合论证。

白春礼希望通过这些项目的实施，力争使我国在基础科学研究领域实现更多重大突破，同时带动航天技术的发展，为将我国早日建成世界科技强国做出重要的和不可替代的贡献……（主体）

据了解……长期以来，我国空间科学家缺少自主的科学卫星计划和第一手的探测数据……为了摆脱这一状况，中科院出资设立空间科学先导专项，目前"十二五"期间支持的首批四颗科学卫星均已成功发射……（背景）

二、通讯

通讯是日常工作中另一种非常常见的体裁，以叙述、描写为主要表达方式，是将具有新闻价值的人物或事件及时、具体、生动地给予报道的新闻体裁。

相比于"不展开情节"、以简明扼要为特征的消息，通讯需要在一定篇幅内完整、具体地报道新闻事件的过程，信息含量更加全面、丰富，也经常会包含一定的文学色彩，可以使用描写、抒情、比喻、拟人等手段，让报道更加生动，具有画面感、现场感。

比如，在《挺进科学"无人区"》[①]一文中，记者这样写道：

前几天，中国暗物质卫星"悟空"捕获世界上最精确高能电子宇宙射线能谱的消息，在科学界引起轰动……

但"悟空"的上天之路绝非一日之功。从构思到研制、发射、运行，它

[①] 引自丁佳. 挺进科学"无人区". 中国科学报，2017-12-19：01.

耗费了常进等人20年的心血。

彼时的常进,还不是中科院紫金山天文台副台长,更不是暗物质卫星首席科学家,他所拥有的,只有一个科学梦想——寻找暗物质的蛛丝马迹。

回顾20年来的科研道路,常进感慨:"这20年,每次我们要'死'了的时候,中科院就会救我们一把,把我们搞'活'。可以说,没有中科院这么多年的持续支持,就没有暗物质卫星的今天;没有中科院,我早就不知道'死'多少回了。"

这篇文章的线索本来是一个普通的学术会议,但记者在听会时发现,许多科学家都在强调对基础研究长期投入的重要性。记者由此认为这是一个可以挖掘的新闻点。为使文章更加生动,记者介绍了科学家成长的故事,并通过质朴的直接引语的使用,让文章"活"了起来。

这里要注意的是,尽管在写作上可使用的手法选择比较多,但通讯仍是一种新闻报道,必须时时紧扣人物或事件,保证报道的真实性,避免夸大其词,甚至虚假报道。在一些报道,尤其是争议性报道中,记者还需要注意采访对象、引用事例的平衡性,始终保持客观的立场。

此外,一些记者写稿喜欢一味求"长",本来是一个适合写消息的选题,通过生拉硬扯、车轱辘话来回说,给生生"注水"成一篇通讯。这种"硬"写出来的通讯,通常都是冗长而空洞的,新记者要注意避免这种倾向。

通讯有几种不同的分类维度。按内容分,通讯一般分为人物通讯、事件通讯、概貌通讯、工作通讯。按形式分,通讯分为一般记事通讯、访问记(专访、人物专访)、小故事、集纳、巡礼、纪实、见闻、特写、速写、侧记、散记、采访札记。其中,我们日常工作中较常见的有访问记、特写、侧记、采访札记等。访问记是记者访问人物,了解事件、问题、情况、风貌后,集中而鲜明地揭示某一主题的通讯体裁,往往采用第一人称和记叙或对话的形式;特写是截取新闻事实的横断面,抓住富有典型意义的某个空间和时间,通过一个片断、一个场面、一个镜头,对事件或人物、景物做出形象化的报道;侧记则是从一个侧面来报道新闻事实,记者要以一名旁观者的角度来叙述整个事件发生的过程;采访手记往往是记者完成新闻报道任务同时的"副产品",记录记者在采访中的所见、所闻、所感,报纸上经常看到的采访笔记、记者手记等均属于这一类。

三、评论

新闻评论是社会各界对新近发生的新闻事件发表的言论总称。新闻和评论构成了报纸的两大文体,是对新近发生的有价值的新闻事件和有普遍意义的紧迫问题,运用分析和综合的方法,就事论理,就实论虚,有鲜明针对性和指导性的一种新闻文体,内容包括社论、评论、评论员文章、短评、编者按、专栏评论和评述等。

评论与议论文写作一样,需要包含论点、论据、论证三要素,要在有限的篇幅中发表独特的见解。一篇好的评论要立意新颖,能够起到舆论引导、监督作用,或代表报社、相关机构表态。

关于如何写好评论,后文会有详细阐述,这里仅简单举一个案例。《中国科学报》2016年12月12日刊发的《用青春点亮"西部之光"》[①]一文是针对"西部之光"人才计划20年撰写的一篇分量较重的评论。

文章这样写道:

> 这是一首已传唱20年的青春之歌。廿年的持续接力,一批又一批青年才俊奔赴边疆,为西部大发展、大开发挥洒汗水、倾注智力,同时也点亮了自己人生的希望之光。
>
> 深耕细作,方能厚积薄发。一个又一个数字,见证了"西部之光"走过的不平凡道路……

列举论据

> 除了一串串令人骄傲的数字,"西部之光"的影响力还在向更深远的地方延伸……

列举论据

---

① 引自丁佳. 用青春点亮"西部之光". 中国科学报, 2016-12-12: 01.

这一系列成就的背后，是科技国家队服务国家战略的一片初心……

这一系列成就的背后，是面向国民经济主战场的一份决心……

这一系列成就的背后，更是中科院坚持开放办院的一种恒心……

排比的方法形成气势

星星之火可以燎原。"西部之光"无异于一把火种，照亮了西部科技人才的梦想，点亮了西部人才事业的星空，更擦亮了西部科技创新大业的火花。

除了普通的评论文章，有时还需要记者来写一段编者按。编者按是编辑对一篇文章或一条消息所加的意见、评论等，常常放在文章或消息的前面，是对作品的解释或引申。编者按可以表明态度和意见，也可以提示要点，还可以交代背景、补充材料或借题发挥，一般起强调重点、表明态度的作用。

第二节 怎样写学术会议消息

在记者日常的采访报道中，经常会需要参加学术会议。对于这类会议的消息应该如何来写，其实有许多的方法和技巧。下面就分别来介绍一下。

通常来讲，一个学术会议包含以下几种要素：会议上关键人物的主旨发言；会议的目的、主题或主旨，包括谈论会议主题的直接引语；会议取得的相关成果；会议背景等。

就写法上来讲，最"四平八稳"的会议消息，也就是一种模板化的写法，基本涵盖消息写作的几大要素：××部门于×日在××地方举行了××大会，××领导人参加，××领导主持大会，××领导讲话。消息的主要内容是"领导指出……领导表示……领导强调……"。例如，以下这篇就是一篇中规中矩的会议消息[1]。

---

[1] 引自丁佳. 中国科学院等发布《2017研究前沿》：中国25个前沿表现卓越 居全球第二. 中国科学报, 2016-11-01: 01.

中科院等发布《2017研究前沿》
中国25个前沿表现卓越 居全球第二

本报讯（记者丁佳）近日，中科院科技战略咨询研究院、中科院文献情报中心与科睿唯安公司在北京向全球发布了《2017研究前沿》报告和《2017研究前沿热度指数》报告。

中科院院长、党组书记白春礼出席会议并致辞。白春礼指出……

《2017研究前沿》突出显示了10个高度聚合的大学科领域中的100个热点前沿和43个新兴前沿。在143个前沿中，"冷冻电镜技术在生物大分子三维结构解析中的应用"是今年诺贝尔化学奖的主题，"双黑洞等双致密天体的形成及并合"与今年诺贝尔物理学奖主题引力波研究密切相关。

《2017研究前沿热度指数》称，美国、中国、英国在这些前沿领域研究最为活跃……

中科院科技战略咨询研究院院长潘教峰介绍，在143个研究前沿中，中国表现卓越的研究前沿有25个，约占18%，在世界各国中排名第二……

这种模板化写法的特点是保险，或平等罗列会议议程，或像流水账一样介绍会议内容，或着重介绍会议成果。这种写法往往容易保证"不出错"，但报道本身难免有些平淡。如果想要在此基础上有所突破，把学术会议消息写"活"，还需要记者更会"听"会，挖掘其中有价值的新闻点，有重点、有侧重地进行报道。

这就要求记者能够找到会议的实质性内容。报道会议像报道其他新闻事件一样，最重要的是把会议的新闻点凸显出来。会议的新闻点可能是会议本身，可能是会上某人的观点，可能是透露出来的某些信息，也可能是某项决定、政策。

学术会议常常会有不少专家、学者、领导等发言或演讲，此时要分清主次，如果所有人说的话都写进消息中去，反倒会显得不得要领，记者就变成了速记员，会议消息也变成了会议记录。所以，根据篇幅的不同，应有侧重地摘选关键人物说得最精彩的语句写进稿子里。

在可能的情况下，应尽量将会议消息写得更具有现场感。相比于其他采访活动，学术会议的采访活动并不容易做到这一点，因为学术会议通常比较沉闷、按部就班。这就需要记者平日注意培养新闻敏感性，在会上抓住一些精彩的观点、有戏剧性甚至有冲突性的画面，多用一些吸引读者眼球的直接引语去营造现场感。

另外，对于比较重要、内容比较多的大型学术会议，还可以"一鱼多吃"，把一个会议的重要内容写成若干篇独立的报道，更充分地利用会议资源。

例如，《中国科学报》2016年11月2日刊发的《袁隆平：海水稻的"小目标"是亩产300公斤》[①]，记者这样写道：

"我们的目标不高，就是培育出亩产300公斤以上的海水稻。"11月1日，中国工程院院士袁隆平在2016世界生命科学大会上接受采访时，分析了我国种植"海水稻"的意义和前景……

……袁隆平表示，之所以定下这样一个"小目标"，是因为当海水稻产量达到300公斤后，才能产生经济效益，农民才愿意种……

本届大会上，袁隆平还带来了题为"中国杂交水稻进入第三代"的学术报告，细述中国三代杂交水稻的探索和发展历程。

世界生命科学大会是一个规模非常大的学术会议，会议日程安排紧凑，内容繁杂，主题宏大，"大咖"云集，这种学术会议非常考验记者"抓"新闻的能力。这篇文章的记者显然具有丰富的采访经验，并没有平铺直叙地把会议写成流水账，而是抓住了袁隆平这个新闻人物，又抓住了他的几句具有新闻性的话，同时用当时的流行语"小目标"稍加包装，一篇短小精悍、信息量十足的会议消息就写成了。值得注意的是，作者只把袁隆平所做的学术报告放在最后一段，简略带过，这说明记者听会是带有思考的，尽管是"大牛"的学术报告，但如果不具备重要新闻价值，也没有必要进行详述。

学术会议消息写作还应避免以下几点。

（1）导语不要啰唆。一个重要的学术会议经常有好几家主办单位，还会有很多领导参加，如果记者将这些信息全部罗列出来，就会显得既啰唆又臃肿，掩盖了会议本身的内容。因此，除了必要的主办单位和参会领导信息外，其余内容可

---

① 引自丁佳. 袁隆平：海水稻的"小目标"是亩产300公斤. 中国科学报，2016-11-02：01.

以往后放，甚至删除不要。

（2）会议目的要精简。在通讯员给的会议新闻通稿中，通常会在开头有很长的篇幅介绍"本次会议旨在……目的是……为了……"这些应尽量精简或放到背景中。

（3）学术会议不能太"学术"。学术会议尽管讲的都是专业内容，但在文章中要尽量减少使用专业名词，尤其是开头几段尽可能少出现这类词语，或转换成科普化的语言，否则会让大多数读者"望而却步"。类似地，文章中也不要出现过多的数字，如果要写，也尽量形象化处理。

（4）忌言之无物。现在的学术会议非常多，并不是每个都有值得报道的新闻点。这就要求记者在参会之前要仔细甄别，如果实在没有太多可写的内容，可以简单处理成简讯。不要为了凑够篇幅而充斥大量空话、套话、官话。

第三节　怎样写政务活动消息

在记者的日常工作中，经常会需要写时政要闻，主要包括一些政治性较强的会议、领导视察活动、重要方针政策的发布等，具有政治性、政策性、信息性、时效性等特征。

党性和人民性是媒体必须坚守的原则，不论何时，媒体都必须旗帜鲜明地坚持正确的政治方向。在这个层面上，及时向大众传播各领域的大政方针，做好时政新闻报道是至关重要的。从报纸版面上看，政务活动新闻往往会占据头版（一般也是要闻版）的重要位置。

想要写好这类政务活动消息，一定要"讲政治"，要牢牢把握住"准确"这个第一原则。记者在采写政务新闻时，脑子里要始终有一根弦"报纸上印刷的字就像泼出去的水，印在纸上就收不回来了"。在发稿到编辑部前，自己一定要再三核对，尤其是人名、头衔、机构名称、固定提法等，不能有差错。

会议新闻稿一般要遵循一定的格式。标题要准确、简明、扼要。导语要写清会议的时间、地点、主要内容或会议主要领导同志所强调的内容。

主体部分要凝练主要领导的讲话精神,包括表态性的语言、提出的要求、部署的工作等。最后根据媒体要求,列出出席会议的相关领导及与会者。例如这篇[①]:

新时代提出新使命　新征程呼唤新作为

中科院传达学习十九大精神

本报讯(记者丁佳)10月26日下午,中国科学院在北京召开会议,传达学习十八届七中全会和十九大精神,并就贯彻落实十九大精神作出部署。

中科院院长、党组书记白春礼,中科院党组副书记、副院长刘伟平和中央纪委驻中科院纪检组组长、党组成员孙也刚分别传达了十八届七中全会精神和十九大重要文件精神。白春礼就全院学习贯彻党的十九大精神提出了几点要求。

白春礼表示,要深入学习领会和全面贯彻落实党的十九大精神,以习近平新时代中国特色社会主义思想为指引,更加坚定自觉地把思想和行动统一到党中央要求上来……

白春礼指出,要紧紧围绕新时代中国特色社会主义发展的重大课题,始终坚持"三个面向"战略布局,充分发挥创新作为引领发展第一动力的作用……

白春礼指出,坚定不移地推进全面从严治党,着力营造风清气正的政治生态和创新生态,为科技创新提供坚强有力的政治组织保障……

白春礼强调,要加强组织领导和统筹部署,全力抓好十九大精神的传达学习,确保十九大精神全面贯彻落实……

"新时代提出新使命,新征程呼唤新作为。"白春礼最后强调……

中科院京区党的十九大代表,在京院领导、院老领导,各分院分党组书记、合肥物质院党委书记,院机关和京区院属单位主要负责人参加会议。

[①] 引自丁佳. 新时代提出新使命　新征程呼唤新作为:中科院传达学习十九大精神. 中国科学报,2017-10-27: 01.

另外一种政务消息就是领导的视察、调研等活动,导语部分直接介绍活动的时间、地点、主要内容等。主体部分则写调研内容,包括主要行程、在重点调研地方所强调的内容等。对于活动地点的介绍,可以放到背景部分。

有时候领导的调研行程密集,去的地点很多,这时要注意有详有略,在领导更加关注的地方要加强笔墨,其他则可以简略地带过。例如这篇[①]:

新年第一站　关注黑土地

白春礼调研哈尔滨院属研究机构

本报讯(记者丁佳)1月3日,中国科学院院长、党组书记白春礼一行来到黑龙江省哈尔滨市,调研中科院东北地理与农业生态研究所农业技术中心、中科院哈尔滨产业技术创新与育成中心等院属研究机构。中科院副院长、党组成员张亚平等陪同调研。

在中科院东北地理所农业技术中心,白春礼等详细了解了中心近年来取得的主要科研成果……在随后召开的座谈会上听取了所长何兴元作的研究所工作进展汇报。

白春礼表示,"十二五"期间,研究所各项工作取得长足发展,特别是在评价体系方面,有好的政策来体现一线科技工作者的贡献,让他们真正把论文写在祖国的大地上……

针对研究所下一步工作,白春礼提出,希望研究所能够进一步凝练"一三五"规划,在农业、资源环境等方向进一步理清头绪……全院一盘棋,做大做强,而不是各自"小打小闹"。

白春礼指出,"十三五"期间,中科院的工作要更加聚焦世界科技前沿,聚焦国家重大需求,聚焦国民经济主战场。他希望通过院所两级的努力,打破所内所外的"围墙",拆除院内院外的"栅栏",集成全国科技力量,瞄准重大需求,争取在"十三五"时期取得更多重大产出,为国家科技发展贡献自己的力量。

---

① 引自丁佳. 新年第一站　关注黑土地:白春礼调研哈尔滨院属研究机构. 中国科学报,2017-01-05:01.

白春礼强调，中科院作为国立科研机构，就应该去做那些大学、企业等机构不能做、不愿做的事情……起到国立科研机构应有的示范带动作用。

随后，白春礼一行来到中科院哈尔滨育成中心，实地考察了中心展厅，对……进行了深入了解。

中科院哈尔滨育成中心是中科院在东北地区设立的第一个科技成果转移转化平台……

值得注意的是，一次会议或一场活动往往会有多名领导出席和讲话，这时一定要处理好领导的排序。一般来讲，依据消息写作"倒金字塔"的原则，排名在前的领导要先写，讲话也以主要领导为主，要做到有主次、有详略。

相比于其他类型的新闻，政务消息留给记者的"自由度"相对较低，想要出彩，可以在标题上多下些功夫。比如上面的案例，使用"新年第一站 关注黑土地"作为引题，既切题，又能反映领导对东北振兴的关切，在新年上班的第一天就奔赴现场进行调研，一下让文章有了一些"人情味"。

第四节　怎样写科研进展类消息

科研进展类消息是一种以报道科研最新成果和进展的消息类型。此类消息一般有几种获取途径：科研机构的成果发布、科研机构宣传员的推送、科研机构官方网站的信息发布以及科学家提供的线索。

一般，从成果发布会、宣传员和科研机构获得的稿件带有较浓的宣传色彩，如会涉及较多有关团队和单位等新闻价值较低的信息介绍。对于此类信息，记者要做的是根据宣传稿的内容和要点重新采写、组织稿件，尽可能把科研内容科普化，把宣传稿转化为符合媒体要求的新闻稿，从而达到传播的目的。

例如，很多宣传稿中会提及科研团队经过多少年的努力，经历了多少挫折与失败，最终才在相关领域取得巨大突破。这类信息在科研进展消息中的意义较小，应当酌情通过倒金字塔模式编排，或精简后安排在消息尾部，或直接删除。

消息较短，是一种向读者提供硬新闻的体裁，因而应当回应的是读者对科研进展最核心问题的关注，也就是新闻学中的 5 个 W 和 1 个 H。

在科研进展消息中，它至少需要回答谁（科研人员及团队）在什么时间（成果发布日期或论文发表日期）做了什么（具体在什么领域做了怎样的工作），为什么重要（在理论和应用上取得了怎样的突破），如何获得的（采用了什么研究方法、工具）。例如：

> 记者日前从中科院植物所获悉，该所研究员、中科院院士种康带领的团队通过生理学检测、生化手段验证和遗传学观察，进一步阐明了水稻中微 RNA 通过植物激素信号途径调控水稻株高与叶夹角的分子机制，为理解植物激素精细调节水稻株型提供了新的资料。相关成果日前发表于《植物生理学》杂志。①

上述消息导语中用一个长句将科研进展的基本信息全部覆盖。这也是导语的作用，使读者通过阅读获得事件的梗概信息。

不过新闻写作本来就没有完全统一的定式，科研进展类消息的写作也处于不断创新的过程中。例如，在导语写作方面，也会借鉴一般消息导语的写作模式，通过设置悬念等手法引起读者的阅读兴趣。试举一例。

> 宇宙加速膨胀背后的隐秘推手是什么？科学家又是否能够捕捉到它的踪迹？近日，中国科学院国家天文台研究员赵公博团队与国外研究团队合作，揭示了动力学暗能量的迹象。相关成果日前在《自然》杂志天文专刊在线发表。②

对于科研进展类消息，更重要的是阐释清楚研究成果到底是什么，对于相关研究领域将产生怎样的影响。这应当成为在导语之后重点介绍的内容，可以通过增加背景信息的方法来凸显结果的重要性。

> 研究人员利用所研制的太阳 MCAO 系统原理样机与云南天文台 1 米新真空太阳望远镜对接，成功实现对太阳活动区的大视场闭环校正成像观测，

---

① 引自丁佳. 科学家发现水稻株型建成分子机制. 中国科学报，2017-12-13：01.
② 引自王佳雯. 我国科学家发现动力学暗能量证据. 中国科学报，2017-09-04：01.

在国内首次利用 MCAO 技术获取到太阳活动区大视场高分辨力实时图像。

多层共轭自适应光学技术的发展和运用，将帮助太阳物理学家看到更加清晰、更加精细、更加动态化的太阳活动，加深人类对恒星乃至宇宙的认识，也将为空间环境监测和空间天气预报提供强有力的数据支撑。①

上述案例中的两段文字，重点介绍了国内突破下一代太阳自适应光学技术后可以做哪些工作，对于人类认识恒星乃至宇宙将产生怎样的影响。

科研人员称，暗能量的引入是为了解释宇宙加速膨胀，但是暗能量的本质是什么，目前并不清楚。暗能量的状态方程是研究暗能量属性的重要参数，该团队直接从观测数据中重建这个参数，进一步了解了暗能量的性质。

据介绍，依据爱因斯坦宇宙学常数，科学家普遍认为宇宙学常数的状态方程是恒为-1不演化的，但该研究却发现，暗能量状态方程却是偏离-1随时间演化的。该研究的观测支持动力学暗能量，这也意味着，其成果将对科学家对宇宙学常数的认识产生根本性的影响。②

上述案例引入了科研人员的介绍，也引入了暗能量研究现状和历史背景信息，进而凸显了这一科研进展的意义，也使消息容纳的信息更加丰富。

第五节　怎样写人物通讯

在科学报道中，人物通讯是相对较灵活并且在文章撰写中比较有发挥空间的一类题材。科技人物报道和普通人物报道相比，既有共同之处，也有自己的独特之处。

从共性的角度来看，人物通讯更要多讲述故事，并力图从细节和场景架构起的逻辑中形成一个能够引发关注的人物形象。有功力的作者还会从一个个体的故

---

① 引自丁佳. 中科院在国内首次突破下一代太阳自适应光学技术. http://news.sciencenet.cn/htmlnews/2017/10/392327.shtm［2017-10-28］.

② 引自丁佳. 科学家发现水稻株型建成分子机制. 中国科学报，2017-12-13：01.

事中反映出一个时代的宏大背景，反映群体命运与时代发展之间的交织与碰撞。

从新闻的角度来看，个体故事之所以打动人，必然有它吸引人的特质，如情节、逻辑、冲突等要素的凸显。更重要的因素则在于，故事主人公所处的时代背景及其所代表的群体特征能够投射出引发人们强烈共鸣的精神魅力和价值倾向。

如欧逸文撰写的《野心家韩寒》[1]一文。文章一开头就将韩寒的个人身份标签与他身后的"80后"一代人紧密勾连在一起。

> 韩寒集最受欢迎博主、畅销书小说家、散文家、赛车手于一身，他既有拜伦式的英雄主义，又有牛虻式的自由快乐，他是80后那一代怀疑精神的最佳表征。

这个简短的开头，将韩寒这一人物值得报道的特点解析得很清楚。他在当时拥有多重身份，更有"80后"一代人的一些典型特征。这是人物能够成为新闻人物的关键所在，也是在采访和报道人物时应当抓取的关键点。

再比如，《南方周末》李海鹏的经典特稿作品《举重冠军之死》[2]。

> 由于睡眠呼吸暂停综合征，多年受困于贫穷、不良生活习惯、超过160公斤体重的才力麻木地呕吐着，毫无尊严地死了。在生前最后的四年，他的工作是辽宁省体院的门卫，在他死去的当天，家里只有300元钱。
>
> 很多迹象表明，对于这位心地单纯、开朗乐观的冠军来说，退役后的5年是一生中最郁闷的时期，他不仅受困于运动生涯带来的各种痛苦的顽疾，更受困于家庭琐事、地位落差和生活压力。而更根本性的郁闷，既来自两个地方、两个时代的寂寞与喧哗的对比，也来自于他一生都无法脱离的举国体育体制。

文章开头用简单的文字勾勒出了一位昔日冠军离开人世时的悲惨境遇。冠军、死亡、贫穷，单这些元素就使得这个故事拥有了抓人眼球的吸引力。更重要

---

[1] Osnos E. The Han Dynasty: How far can a youth-culture idol tweak China's establishment. Newyorker, 2011-07-04.

[2] 李海鹏. 举重冠军之死. 南方周末，2003-06-19：25.

的是，笔者在才力一生的"寂寞与喧哗"中找到了中国体育运动员在举国体育体制下的命运路径，使文章拥有了更宽阔的视野。

如果将才力的死视作偶然事件，那不过是一位运气不太好的运动员，因过度训练而百病缠身，又因体育而丧失了获取其他技能的机会，最终悲惨地死去。

但如果寻找到才力之死偶然中的必然，那他背后更深刻的背景才能够展露面容，并真正引起社会对这一群体的关注，对左右他们命运的体制进行反思。这样的报道所展现出来的深度和广度，是一般人物通讯中不具备的。

好的人物通讯，并非只展现某个人的精神风貌和生活历程，而应当有更高的追求，力图通过一个人展现一个群体和一个时代的风貌，回应社会对一个群体的关注，或吸引人们对一种社会问题的思考与探寻。

当然，在科学领域内，很多人物报道都是具有正面意义的，我们需要寻找的是他们为了更宏大的理想、信念而孜孜不倦追求的动力源泉所在。但更多的时候，这样的报道并不追求用华丽的文字将人物吹捧成不食人间烟火的世外高人。我们所做的，更多的是寻找那些外界看来颇有"奉献""付出"意味的行为，是否在逻辑上、在人物所处的环境中能够自洽。

科学领域的人物报道更需要关注的是，不将文章中的人物捧上神坛，那对记者和被报道人而言都将是灾难。这大概也是科学领域的人物报道与普通新闻人物报道间不能称之为差异的差异。

和其他通讯报道一样，科学领域的人物报道看上去影响最终文本质量的是文笔，但更多的是记者对人物的认识停留在什么层面，选取什么角度来解剖人物形象，以及期望唤起读者怎样的情感。这些将直接影响记者的采访角度、方式以及最终行文时所选取的素材。

第六节　怎样写科普通讯

在科技发展日新月异的今天，每天都会产生大量的科技成果。但即使是那些对科技非常感兴趣的人，如果不是自己非常熟悉的领域，直接去阅读艰涩的学术论文也是一件非常难的事。

这就让科学记者的作用凸显出来。作为一名科学记者，报道科技进展似乎是一种"天职"和"本分"。但其实，如何将科研进展写成一篇精彩的科普报道，如何把科学家做科研的过程讲成一个吸引人的科学故事，却要下很多功夫。

想要写好一篇科普通讯，内容要足够"硬"，但文字要足够"软"。

一、对内容的要求

如何挑选足够"硬"的选题，最简单的方法是"卡"几个标准。

（1）成果发表在什么期刊上。虽然现在科技界在淡化学术期刊的影响因子作用，但发表在《自然》《科学》《细胞》等传统"大刊"上的论文还是会更受关注。

（2）成果由谁完成。特别受关注的一些"明星"科学家的工作可能会更容易吸引媒体的关注。

（3）成果的社会影响如何。一些成果可能是与经济产业、社会生活直接关联的，如果能够对产业发展带来革命性的变化，对日常生活产生重大影响，这样的成果无疑具有报道价值。

还有一些论文是因为"反差"而更具有"价值"，或者说是具有科普化解读的可操作性。比如，一个名不见经传的学者做出了颠覆性的研究，就是一种反差；看似非常冷门的科学领域的一些研究进展，感兴趣的读者却可能不少。比如这篇介绍"奇翼龙"发现过程的报道《恐龙"蝙蝠侠"诞生记》[1]，仅从导语部分的表述就可以体会到科普通讯的特点和魅力所在。

> 位于山东省平邑县的山东天宇自然博物馆，保存着一件来自河北省青龙县侏罗系地层的化石。在这座号称全世界最大的恐龙博物馆的 39 万余件馆藏展品中，它说不上有多么引人注目。
>
> 直到 4 月 30 日，英国《自然》杂志在线刊登了一篇中国学者的论文后，人们才发现了这块化石的绝妙之处——这种被命名为"奇翼龙"的小型恐

---

[1] 引自丁佳. 恐龙"蝙蝠侠"诞生记. 中国科学报，2015-05-07：01.

龙,将人类对鸟类起源的认识又向前推进了一步。

新闻实践中,也经常会遇到一些并非重大却具备趣味性甚至娱乐性的科研进展,对这些有趣发现的通俗解读可能更适合一般受众的口味。碰到类似的选题,也千万不要轻视乃至错过。

二、对文字的要求

科普写作就像在超市买东西,最先吸引顾客(读者)的很可能是那些"包装"更精美的商品。因此,在写这类报道时,记者要不断检验自己写下的文字,不妨多问问自己"我写的是'人话'吗?如果我是在给我的朋友讲故事,我会这么遣词造句吗?"

科技进展往往与各种专业术语、图表、数据相伴相生,仅以一段科学家提供的"科普"素材为例,让大家感受一下:

> 研究人员证实,油菜素内酯信号途径中的核心组分 $OsBZR1$ 直接激活 $OsMIR396d$ 基因的表达,$OsmiR396d$ 又分别控制靶基因 $OsGRF4$ 与 $OsGRF6$ 的转录;在对水稻的株高调控中,$OsmiR396d$ 通过抑制 $OsGRF6$ 的表达,导致赤霉素的合成与信号都减弱,引起水稻部分矮化表型……

因此,科学记者做好科学家"翻译官"的重要性和必要性不言而喻。在写作中,记者要尽可能地把专业术语、特殊符号等转换成大众可以听懂的语言,在准确的基础上,用比喻、拟人、类比甚至合理想象等方式,去"翻译"晦涩的科学原理。

例如,在形容"墨子号"科学实验卫星的精确度和灵敏度时,可以这样打比方:卫星的星地通信就像"针尖对麦芒";卫星的灵敏度就像"在月球上看到地球上划亮的一根火柴"一样。

再比如解释恒星的耀发现象,可以这样写:"恒星就像一个个不同性格的人,它们的自转、对流、黑子、耀发等现象,与人类工作、快乐、生病、发脾气等行为有些类似。恒星自转快了就要发生耀发,就像我们工作多了,就要发脾气一样。"

此外，要写好科普报道，不能忽略科研成果背后的人。记者要通过深入采访去挖掘科学家的创新故事，如能通过成果反映科学家的精、气、神，则能更加提升文章的价值。而为了能更大限度地调动读者的阅读兴趣，并让阅读兴趣一直延续下去，记者要注意起好标题，写好导语，拟好每个小标题。

比如，在一篇介绍量子科学实验卫星成果的通讯中，记者将文章主标题拟为"1203公里的纠缠"[①]，文中的几个小标题分别是"鬼魅般的'心灵感应'""让潘建伟疯狂一下吧""量子'红娘'情牵千里"。这几个标题，有的暧昧，有的神秘，有的听上去有些语出惊人。在介绍成果的同时，记者还穿插讲述了项目立项时的故事，侧面反映了科学家和决策者的魄力。正因为如此，报道才能勾起读者的阅读欲望，并让读者跟着记者的思路读完整篇报道。

此外，记者还可以试着从名人名言、诗词歌赋、历史典故、热门影视、神话传说中找到文章的切入点。同时，可以运用还原场景、营造气氛、形成反差等方式，让文章更加引人入胜。

比如，在《"悟空"抓到了什么"妖魔鬼怪"？》[②]一文中，记者并没有上来就介绍暗物质卫星"悟空"所取得的重大发现，而是在开头这样写道：

> 常进盯着电脑屏幕上一条红色的曲线，不敢相信自己的眼睛。
>
> 一种矛盾又复杂的心情，在这位暗物质粒子探测卫星首席科学家心中涌起：这条奇怪的线，究竟是重大发现的苗头，还是我们的卫星没有把数据测准？

这个开头营造出一种悬念，将读者不由自主地带入故事主人公常进的内心世界，想知道他电脑里的那条红线究竟是什么。如果一上来就说暗物质卫星"获得了一条世界上最精确的高能电子宇宙射线能谱"，就很容易让读者"望而却步"。

[①] 引自丁佳. 1203公里的纠缠——中国量子卫星实现4公里量子纠缠分发. 中国科学报，2017-16-19：01.
[②] 引自丁佳. "悟空"抓到了什么"妖魔鬼怪"？中国科学报，2017-11-30：01.

第七节　怎样写话题式通讯

话题式通讯是指围绕某一类现象、问题、话题而采访、写就的通讯稿件。对科技媒体而言，这类稿件一般与当下的热点话题或科技界关注的焦点有密切关联。

例如，《中国科学报》所关注的科学话题并非只局限于科技成果的解读或科技界重大新闻事件的报道。事实上，当下科学已经渗入各行各业，影响着社会各个领域的运作模式，由此科学的话题也可以延伸至更广泛的领域。

话题式通讯力图从社会热点中挖掘出属于科学的视角和内容，并发出科学的声音。特别是在网络、移动终端充斥着"博眼球"的不实信息的背景下，这类通讯能够为读者提供一个全新的视角、更加理智的思考。

从具体操作上来说，话题式通讯的选题策划要求对新闻事件有很强的敏锐度。2016年3月，山东爆发非法经营疫苗事件，引起社会普遍关注。《中国科学报》迅速聚焦非法经营疫苗与疫苗自身安全性之间的差异以及有关疫苗安全的科学性话题，最终推出了体现科学立场的报道《疫苗危机后的科学反思》[1]。

在热点话题中，记者应当学会寻找科学视角，大胆尝试从科学角度切入话题的可能性。2015年8月，天津滨海新区某公司危险品仓库发生爆炸，在当时引起了广泛的关注。该事件看上去是一个安全事故，但是背后却有很多科学问题值得探讨，如危险品应如何存放、危险品爆炸事故中应当如何科学救援、危险品存储运输的安全设计等。《中国科学报》刊发了《吾人问"津"：灾从何来》[2]《再辩塘沽》[3]等报道，第一时间从该突发事件中寻找到科学视角和报道主题，做到了在重大事件发生时不失语，并对重大事件给出了科学解读和判断的依据。因而，在话题式通讯中，记者在最初的选题寻找阶段就需要打开思路，找到科学与社会热点事件的契合点，从而发出科学、独特而重要的声音。

---

[1] 王佳雯. 疫苗危机后的科学反思. 中国科学报，2016-03-24：01.
[2] 倪思洁，甘晓，王珊. 吾人问"津"：灾从何来. 中国科学报，2015-08-14：04.
[3] 甘晓，倪思洁，王珊，等. 再辩塘沽. 中国科学报，2015-08-17：01.

在此类通讯的写作过程中，无论切入点如何选取，从科学的角度抽丝剥茧，对存在的疑点予以回应，无疑是一个重要的思路。例如，上述有关天津危险化学品爆炸的两篇报道分别从"爆炸物是什么""消防员伤亡为何多""为什么是集装箱""为何又发生在物流运输环节""为什么又波及周边社区""安全设计是否存在失误""'危害信息'沟通缘何缺失""消防'职业化'是否妄想""事故问责为何总难见效"等九个科学向度对事件进行了剖析解读。

除了在热点新闻事件中寻找科学视角外，话题式通讯的另外一类选题来自科技界本身。例如，2017年6月朱清时院士的"真气"讲座在社会上引发了讨论。当时，身处舆论中心的朱清时院士第一时间接受了《中国科学报》记者的采访，并最终形成了《朱清时"真气"讲座的是与非》[①]的报道。报道从"用现代科学解释传统文化？""大科学家宣扬'伪科学'？""学术研究等同于科学研究？"三个剖面对事件进行了分析讨论。报道中，朱清时对各界的质疑首次做出了正面回应，记者同时采访了与朱清时持相反观点的物理学家，对他的回应进行了再质疑，采访了科学哲学领域的学者，从史学和科学哲学的角度对双方的观点进行了评判。报道不仅客观呈现了正反双方唇枪舌剑的争论，也通过话题引导，将焦点引向"该如何认识科学研究"这一层面。

总之，在话题式通讯的选题、采访、写作中，媒体要以中立的立场、科学的视角对社会质疑做出回应，对争议的观点做出平衡、客观的报道。这就要求记者一方面要锻炼自己对热点事件的感知力和分析力，以快速、精准地寻找到科学视角；另一方面也要在采访和行文过程中深入事件的核心本质，揪出问题的根源，并通过平衡报道传递出客观、全面、科学的声音。

第八节　怎样写深度报道

深度报道（In-depth report）是一种系统反映重大新闻事件和社会问题，深入挖掘和阐明事件的因果关系以揭示其实质和意义，追踪和探索其发展趋向的报道

---

① 高雅丽，王佳雯. 朱清时"真气"讲座的是与非. 中国科学报，2017-16-15：01.

方式。深度报道突破了一人一地一事的报道模式，一边剖析事实内部，一边展示事实的宏观背景。深度报道着重揭示 Why 和 How 两个新闻要素。深度报道的概念诞生于 20 世纪 40 年代，是报纸为应对电子传媒竞争发展而来的，但它又不是一种独立的新闻文体，而是一种报道追求深刻性、高度理性的理念和规范。

可以说，科学深度报道对记者的科学观、相关领域的知识储备、与科学共同体的熟悉程度乃至逻辑思维、文字驾驭能力等都有很高的要求。新记者可以从深度报道的学习和实践中迅速熟悉、掌握新闻采访的诸多重要技能。

做深度报道，关键要准确把握"关系"二字。科学深度报道的题材一般关注科学界比较复杂的事件，大多是揭露性、争议性事件。例如，《中国科学报》近年来报道的《科学》期刊增刊事件[①]、磁遗传学论文"抢发"事件、"脏"论文事件、外尔费米子发现争议、韩春雨论文事件等。这些事件有一个共同特点，就是事件的出现乃至发展没有一个非黑即白的结果，更难以有一个最终的定性结果。这些事件也往往呈现出争鸣不断、持续发酵的状况。科学也具有社会性，人情往来、利益冲突等社会现象也会在科学事件中得到体现。因此，厘清事件中的"关系"，堪称探寻事件发生原因和挖掘新闻点的最重要工作。

例如，在《科学》期刊增刊事件中，该刊定制出版办公室接受赞助并发行的中医药增刊受到了外界质疑，由此发展成为一个争议性事件。记者拿到选题后首先要问几个为什么。为什么一些中医药研究者会为《科学》期刊刊登中医药的内容而感到高兴？增刊刊发的文章有没有受到同行评议？赞助方组织的同行评议可信、有效吗？只有以"剥洋葱式"的方式不断思考，才能逐渐逼近事件的核心要点。接下来就要分析事件中的主要利益相关方，如收受赞助的定制出版办公室、论文得以发表的中医药研究者，调查他们是否有利用增刊进行违规操作的行为。记者应当围绕这个问题开展调查和采访，弄清楚学术期刊、定制出版办公室、赞助商及其组织的同行评议等各个环节间的关系。后来的调查则发现，一些中医药研究者模糊了在《科学》期刊增刊上发表文章和在《科学》期刊本刊上发表文章的区别，存在误导同行、夸大宣传之嫌。

---

① 甘晓. 《科学》承认曾发布"问题"定制出版物. 中国科学报，2016-10-12：01.

做深度报道，尤其强调平衡、客观。许多深度报道的新闻事件因为非常复杂，也存在争议。新记者刚拿到选题时往往容易被某一方的观点牵着走，难以做到平衡报道。因此，为了使报道客观、准确，记者必须兼顾矛盾双方，从不同的消息源获取信息，并将对立面的事实和观点同时摆出来。《中外物理学家的科学竞赛——"外尔费米子"的发现之争》[1]是《中国科学报》刊发的一个典型科学深度报道。争议中的一方是中国科学院某研究所的科学家团队，另一方是美国科学家团队，美国科学家团队率先发表的文章不被中国科学家"认可"。该事件是一起典型的学术争议。事实上，基础研究只有第一、没有第二，一般情况都是谁先发出文章谁就拥有该项成果。因此，如何平衡双方观点就成为记者采写这一新闻事件的极大挑战。报道中，该记者不仅采访了研究所相关科研人员，讲述了发现外尔费米子的过程，同时将问题抛给了争议的另一方，并得到美国科学家的邮件回复。需要注意的是，做争议性的科学报道，需要就一些事实做交叉核实、验证，就像法庭辩论中的原告、被告会被相互提问一样。在这一过程中，记者需要甄别哪些"原告"的观点可以向"被告"透露，哪些则不宜透露，这一原则对于"被告"同样适用。同时，采访过程中，记者不宜将未发表的稿件提前透露给任何涉事方，即便是在审稿无法避免的情况下，也只宜让对方核实与之相关的内容而不是全部内容。

总之，深度报道的采访量、写作体量都很大，特别是对事件的原因分析、关系厘清、平衡客观有严格的要求，是一项非常"烧脑"的工作，因此需要记者能有持续的时间和精力投入。

第九节 怎样写"回顾总结式通讯"

通讯更多地聚焦人物和事件，写作上以叙述、描写、抒情、议论等手法为主，是一种比消息详细而深入地报道新闻事实的新闻文体。事实上，按照教科书的分类，并没有"回顾总结式通讯"一说，但这类题材在新闻写作中却会经常碰到。

---

[1] 甘晓. 中外物理学家的科学竞赛——"外尔费米子"的发现之争. 中国科学报，2015-07-23：01.

它类似于风貌通讯，以反映地区、行业、机构的成就与变化为主要内容。它同时兼顾工作通讯对既往发展的梳理、成果经验的总结以及对于未来的展望。如果非要给它归类，则它更接近风貌通讯的定义。

在形式上，回顾总结式通讯的标题中（一般为副题）多会出现"见闻""侧记""巡礼"等词语，如"××单位成立××周年巡礼""××行业××年发展侧记"。有时候也会简单粗暴地冠以"记××机构的××华诞"。

在文章体量上，这类文体较一般通讯要长，往往涉及对一段历史的梳理及对当下发展成果的充分展示。一般通讯多在 2000 字以内，这类通讯则很容易超过这个范畴，达到三四千字也很正常。否则无法承载如此丰富的内容。

在文字及文风上，因为回顾总结式通讯内容庞大、头绪繁杂，所以要求文章逻辑必须严谨，脉络力求清晰，文字文风尽可能简洁凝练，强调短句式和段落的简洁，如以一两句话为一段。文章逻辑多以时间段或事物内在属性来划分。前者多用于历史的纵向梳理与展示，后者则常用于当下发展成就的横向展示与总结。文章脉络是基于逻辑而设置的文章框架，主要体现为文章的小标题设置。文章的脉络往往能够通过浏览小标题而获得是否符合逻辑、是否层次分明的既视感。文字、文风则体现在句子和段落上。句式凝练，段落简短明快，既加快了文章的节奏感、便于阅读，也意味着必须在吃透素材的基础上，对素材不断做精炼和富有个性的表达。这也是通过形式倒逼文字、提升文字功底的一种有效体裁。

试举一例。《中国科学报》2016 年 12 月 12 日刊发了《青山不老　追梦不息——成都山地所建所 50 周年巡礼（上）》[1]一文。这篇回顾总结式通讯分为上、中、下三篇。上篇侧重历史回顾，以时间段为逻辑；中、下两篇侧重当下发展以及未来构想，以属性来划分逻辑。文章设置"聆听召唤""高山可仰""无限风光""山地追想"四个小标题为骨架，分别对应这个以山地灾害研究为特色的研究所发展的不同历史时期，并撷取其不同阶段最具显示度的成果、事例作为血肉填充，从而概括、勾勒了一个机构半个世纪的发展历程。《率先行动　风头正劲——成

---

[1] 张林，王佳雯. 青山不老　追梦不息——成都山地所建所 50 周年巡礼（上）. 中国科学报，2016-12-12：01.

都山地所建所 50 周年巡礼（中）》①一文则选取该研究所进入 21 世纪以来几方面的重点工作、重要科研成果为逻辑，设置文章小标题。如果说按照时间段划分是递进式逻辑（结构）的话，那么按照属性划分则多属于并列式逻辑（结构）。其小标题设置为"积淀：几十年磨出西藏好生态""攻关：樟木治理架起思想与行动的桥梁""传承：一条路作一辈子的事业""突破：精妙方案消污染于无形"，分别对应该研究所的"生态安全系统评估""山地灾害防治""防治减灾""流域环境治理"等学科研究领域。

诗人说：如果远方呼唤我，我就走向远方；如果大山召唤我，我就走向大山。

时光回溯至上世纪 60 年代。一支临时组成的科考队踏上了西藏冰川泥石流灾害考察之路。当时，"泥石流"依然是一个陌生的名词，被视为"不可征服的蛟龙"。

1963 年，基于此前的系列研究，形成新中国第一份泥石流研究报告并上报国家，受到高度重视。

彼时的新中国，大西南开发和"三线建设"刚刚启幕。然而，横亘在这次工业大迁移之前的，却是以泥石流、滑坡为主的山地灾害的严重威胁。当时，国内在这方面的研究还是一片空白。

科考队员们完成了不同寻常的任务，他们不曾想到，这会成为中国山地灾害研究的一次破冰之旅。而这也标志着山区建设开发开始纳入新中国的行进日程。

这支临时组建的科考队伍，同时成为中国山地科学研究的最初薪火。

这是上篇"聆听召唤"小标题下的一段文字。可以看出作者对历史脉络的梳理是白描式的，也极为凝练。文章的段落都不长，有叙述性语言，概括甚至"评论"意味的语言也频繁使用，时间跨度很大，虽然跳跃但并不感到突兀。写回顾总结式的通讯，带有思考、思辨性质的文风非常重要，因为它体现了作者对过去

---

① 张林，王佳雯. 率先行动　风头正劲——成都山地所建所 50 周年巡礼（中）. 中国科学报，2016-12-13：01.

历史的认知和判断。这种文风同时要求在采访阶段多做质疑、思辨方面的素材收集。

需要提示的是，此类通讯体裁虽然具有新闻性，但往往宣传的意味较浓。所谓宣传的意味，是指报道在很多情况下是按照对方的意图进行，体现对方想表达的内容。而且这类报道任务常常与媒体的经营活动有联系，甚至是媒体经营内容的一部分。因此，如何避免陷入"软文"的范畴，弱化宣传意味，突出新闻性，仍需要不断探索与实践。

回到通讯的特征上来。通讯重在写好人物和事件，回顾总结式通讯因为报道对象、内容的复杂性，一方面利于做较大时空跨度的风貌呈现，一方面又囿于篇幅所限，在具体事件、人物的刻画上往往力有不逮，事实缺乏细节，人物难有血肉；整体形象较清晰，具体形象较模糊，这也是每种体裁各有长短的客观现实。要想弥补这样的缺憾，或者需要不断选取视角、精选素材，或者需要借助特稿、报告文学等其他体裁，才能达到宏大叙事与细腻描绘的完美统一。

第十节　怎样写特写

特写是影视摄影中的一个术语，指镜头与画面的局部捕捉与呈现，侧重局部细节和要素的视觉表达。顾名思义，新闻写作中的特写也具有这样的特征。它是对新闻事件一个截面、一个片段的撷取，并集中运用丰富的表现手法突出展示，从而达到用文字记录定格瞬间、窥斑知豹的效果。特写主要有事件（场景）特写、人物特写之分。

特写与消息的主要区别在于，消息侧重事件，特写则侧重整体事件中的一个阶段或部分。消息也要求有场景、对话等细节要素，但它要遵循基本的"一事一议"原则、叙述为主的表达手法和客观的语言风格，叙述为主，多用动词，避免带有感情色彩的形容词、副词，是其文字上的要求；而特写则以"画面感"、视觉带来的情感震撼为原则，灵活运用叙述、抒情、倒叙等文学手法，采用散文化的语言风格。消息会交代过去式的新闻背景，特写则往往把这些过去的时空背景与当下现场的事件穿插交融，做纵向、横向的拉深，以弥补报道视野和深度的局限。在形式上，特写不像消息那样有电头或"本报讯"的字样，而是和通讯一样，把"本报记者"置于标题下方。但也有一些特写类的消息具备特写的要素，但又侧重"新近发生的事实的报道"，实则属于消息，所以是以电头或"本报讯记者××"开头的。

特写与通讯的区别在于，把一篇特写揉进一篇通讯中是没有违和感的。只要篇幅允许，而且是基于主题的需要，且整体文风保持一致，特写改成通讯是较容易的。但把一篇通讯转换成一篇特写则不是简单地"压缩""删节"就可以做到的，可能还需要补充采访，以增加一些必要的细节，同时还涉及文风方面的进一步转化。可以说，特写脱胎于通讯，但不必像通讯那样关注整体、做全景式呈现，视角是小而精致，节奏也很简洁明快，因此有新闻"轻骑兵"的头衔。

虽然体量不大，但特写对题材的要求很苛刻，对采访及写作的要求都很高。事件不够重大、场景不够典型、细节冲突不够明显，都不适合作为题材来写。勉强为之的后果很有可能就是既缺乏既视感、感染力，也给人举轻若重、言过其实的感觉。

中国新闻网 2016 年 9 月 16 日刊发的天宫二号发射任务的特写《天宫二号发射特写：掌声里的"中国时刻"》[1]，就是以 2016 年 9 月 15 日晚北京飞控中心的场景为素材，生动再现了天宫二号空间实验室成功发射的精彩瞬间。

> 在这个曾伴嫦娥升空、送神舟飞天的中国航天飞行控制"神经中枢"，现场人们再次用掌声标记出人类航天探索的又一个"中国时刻"：天宫二号发射。

简洁形象的导语点出了中国航天飞行控制的"神经中枢"这一特写的发生地，同时点明了特写强烈的情感主题——"掌声标记"的又一个"中国时刻"。随后，报道以主要时间节点、任务环节为线，牵出了现场调度的详细过程、火箭的姿态、技术人员的神态。

---

[1] 引自梁晓辉，祁登峰，韦琳可. 天宫二号发射特写：掌声里的"中国时刻". http://www.chinanews.com/gn/2016/09-16/8005103.shtml［2016-09-16］.

现场万事俱备，只待"中国时刻"的到来。

"1分钟准备！"22时03分，现场总调度戴堃的声音再度响起。

"10、9、8……点火！"

22时04分，大厅所有的人都看向了大屏幕。在巨大的轰鸣声、喷涌的赤焰中，火箭喷薄而出。

……

"助推器分离！""火箭一二级分离！""抛整流罩！""器箭分离！"

……

"帆板展开正常！"22时16分，天宫二号如大鹏展翅般打开了太阳能帆板。

……

22时22分，总调度戴堃的声音再次传来："天宫二号已进入预定轨道，太阳帆板展开，工况正常！"

猛地，紧绷着的人们一下子释放了热情，掌声再起，又一次标记了航空探索里的"中国时刻"。

新华社2012年8月30日刊发的伦敦奥运会专电《天哪，霍金来了！》[1]就是一篇集合事件与人物的特写。

霍金会来吗？

伦敦残奥会组委会29日中午宣布：斯蒂芬·霍金将亲临开幕式。

开篇简单的一问一答，交代了新闻的基本要素。

人们一阵惊喜！

而在4天前，组委会还只能告诉外界："不能确定他是本人到现场还是通过大屏幕向观众致意。"

这位轮椅上的科学"巨人"，今年已经整整70岁了。

转折，交代背景。

---

[1] 引自罗争光，史春东. 天哪，霍金来了！新华网，2012-08-30.

霍金在开幕式的第一秒钟就出现在"伦敦碗"的聚光灯下。

"天啊，霍金来了！"人们一阵惊讶。

……

一个旋转的巨大星球矗立在霍金的头顶，"伦敦碗"内闪光灯频频闪烁，宛若夜空繁星点点。"宇宙之王"霍金就这样坐在他的轮椅上，斜着头，似乎在冥想。

场景与细节的描写不断递进。随后，"霍金对世界'讲话'了""人们扭头望着大屏幕""话语停止，一个'火球'从天而降"等一系列场景描写，把这位神秘科学家的出场以及人们的热情烘托到了极致。报道最后，还特意交代了霍金的研究领域及他的身体状况，以帮助更多读者理解这一刻的特殊意义。

通过上述两个案例可以看出，特写采写的关键在于敏锐捕捉到一些关键场景和画面的有意思的细节，并围绕这些关键点去挖掘与丰富素材。有时候，这些关键场景虽然重要，但在"视觉"上并没有更多想要的细节素材，会让人有"写无可写"、无处下手的感觉。这一方面取决于记者与这些现场（及要素）的接近程度，另一方面也取决于记者对事件整体背景知识信息的储备程度。很多情况下，记者无法接近事件现场，如航天发射任务，记者大都是在室内的监视器上观看。这时候，就需要发挥记者的专业积累和职业素养了，做足采访前的功课，积累相关领域的知识，才能对所见所闻产生响应，知道每一步操作、每一道指令、每一个环节等背后蕴含的意义，发掘出不一样的信息。

特写写作重在捕捉有意义的场景、能够反映出题的细节，并通过生动、简洁、流畅的语言表达出来。特写既注重现场的记录，又不能忽略背景信息的精心取舍与剪裁。为了满足特写短小精悍的要求，总体上必须在细节和背景之间做出平衡。既不能忽略背景的交代而影响阅读与理解，又不能为了背景而忽略细节的表现，从而导致资料堆砌，由"软"变"硬"。

特写较通讯有更明确的主题和强烈的情感表达，因此凝练出新颖的主题非常重要。这种主题可能来源于记者从现场获得的最直观、最强烈的感受，也可能是记者长期积累得出的某种判断。只有赋予特写以鲜明、共鸣的主题，一篇特写才有了灵魂，整个文章才会"活起来"。

第十一节　怎样写评论

评论属于议论文体，和文学体裁中的杂文相似，但两者截然不同。新闻评论主要是对既有新闻事件的分析、评判，既表明观点、立场，又传递价值，引导舆论，但其最主要的功能还在于针砭时弊、查勘正误，提供能够全面、准确把握事物的参考及建议。有时候，新闻评论也直接取材于社会现实，是针对社会现象、思潮的议论阐发，区别于一般时评、言论依托新闻报道（事件）作为立论基础的情况。

和常规议论文体一样，评论的结构一般也包括话题及论点、论据、结论、建议等部分。话题及论点是提出讨论的问题、对象，即评论的"点"是什么；论据是用于问题分析、讨论的事实依据，这些事实不一定全是正面的，有时可以是对立的，以达到对比、印证的效果；结论是指经过符合逻辑的论证过程，指明讨论对象的臧否之处，立起自己的观点；建议是对观点的延伸阐述，往往是对讨论对象提出的改正、完善的意见建议。

评论可长可短。短则如百字内的"编者按"，是重大或系列报道开篇时由编辑、记者编写的提要、导读性文字；或者是四五百字的"点评"，是附在新闻之后（通常是消息后面）对新闻意义、背景的延伸表达；长则如千字左右的时评，是对当下发生的新闻事件的较完整的观点表达；或者是一两千字以上的对于宏观主题而非具体新闻事件的立场、态度、观点与意见的阐述，如社论、本报评论员文章，一般由集体创作或高级记者撰写。

作者及署名方面，评论作者有的来自媒体内部，也有的来自媒体外部。署名有的用笔名，有的用真名。例如，《人民日报》的"任仲平"是"人重评"（人民日报重要评论）的谐音，《解放军报》的"谢正平"分别是"解"的谐音与报社政治部、评论部的"政""评"谐音的组合，《中国科学报》的"钟科平"主要源于"中科"二字的谐音。

《中国科学报》2017年8月29日刊发的时评《人才引进"慢工出细活"》[①]，针对近期地方在人才引进上的盲目跟风、攀比展开评论。评论以新闻事件开头，引出话题或论点。

1000万元科研经费补助、200万元安家补贴、每年20万元特殊生活补贴，近日，河北省《关于进一步做好院士智力引进工作的意见》印发，其中为吸引院士到河北省工作开出的优厚条件，引发各界热议。

文章第二段继续列举了一些地方、高校利用重金吸引高端人才的案例。第三段开始亮明观点。

求贤若渴无可厚非，然而，各地如此举措遭人诟病之处在于，对于人才的渴求最终在激烈的人才大战中沦为利用重金利诱挖头衔的工具。更令人担忧的是，越来越多的高校、科研机构不断加入用重金"表决心"的行列。

但这一观点只是一种代表性观点的引述，作者随后把话题转向另一个方向——中西部人才匮乏的问题。

虽然做法的合理性有待考量，但不可忽视的是，这些举措背后中西部地区在高端人才竞争中的窘境。

这才是作者的论点，即对于新闻事件或此类现象解读评价的视角。

这样的起承转合在逻辑上没有问题，但却略显犹豫。一方面是论点的出现不够明快，另一方面又导致文章结构有些臃肿。因此，第二段内容是可以考虑删除的。文章随后分析了当下人才引进倾向对中西部发展带来的恶性循环，并引出制度创新、文化环境培养的问题。

因而，对于中西部地区而言，在进行高端人才引进时，与其"秀肌肉"不如"秀内涵"。完备的制度保障、宽松的学术氛围，以及可以与高端人才交流并共同进步的人才储备，对高端人才而言比单纯的经济条件更具吸引力。毕竟，对于大多数优秀科研人员而言，他们更看重的是能否获得让自己

---

① 引自王佳雯. 人才引进"慢工出细活". 中国科学报，2017-08-29：01.

充分施展才华的平台和空间。

文章最后给出的结论是：

中西部地区的人才引进是时候换个思路，跳出用重金引"头衔"的怪圈，把人才引进策略的步调迈得更稳一些，而不必急着拼谁出手更阔绰一些、下手更快一些。

这里以开放式的建议做结尾，重在分析现象并点明问题，然后戛然而止，是一种常见的评论收尾方式，也是一种旨在唤起思考的结论。举一反三，同样对于这个题材，如果以如何"换个思路""步调更稳一些"作为论点展开论述，具体分析"走不稳"的原因以及"走得稳"的举措，给出"换思路"的方法建议，则是另一种角度（及文章结构）的评论写作了。

《中国科学报》2017年10月19日的评论《新时代必须强起来》[1]（署名"钟科平"），是为了配合党的十九大胜利召开而撰写的系列评论的第一篇。因为涉及重大事件，所以其主题宏观，均围绕十九大报告的主旨和重要内容设置。与时评不同的是，这样的评论选题的主题和方向都很明确，重点在于如何围绕主题分层次、有深度地展开论述，而其结论也往往以呼应、烘托主题为主，不宜做过多延伸和解读。该文第一部分引用报告中的表述为开头，并点明论点：

中国特色社会主义进入新时代，中华民族迎来了从站起来、富起来到强起来的伟大飞跃。中国新时期发展的历史坐标就此定格。

文章第二部分从历史、现代特别是十八大以来的不同阶段，勾勒了我国科技创新的主要成就及其对经济社会发展的贡献，并指出：

站在新时代的起点，"强起来"成为我们最迫切的目标。建设富强民主文明和谐美丽的社会主义现代化国家，中国必须强起来！

进一步强调了"必须强起来"的主题。第三部分则从"必须依靠科技创新实现跨越赶超""转方式调结构的根本动力在创新""依靠科技创新引领全面创新"

---

[1] 钟科平. 新时代必须强起来. 中国科学报，2017-10-19：01.

三个方面并列呈现"强起来"的重大意义及深远影响。通常情况下,这类评论不是"论点+论据/论证+结论"的结构,而是类似"论点+论证"的结构,往往是观点即结论,而所谓的结构,也是对主题的再强化、再烘托而已。

综上所述,评论写作的基本表述逻辑包括:①简洁勾勒新闻事件,设问或直接提出问题/观点;②通过相关定义、描述,进一步阐明观点;③按照事件的属性,横向类比或分层递进,从不同方面分析论述;④提出解决问题的思路或方法;⑤总结或呼应观点。

评论写作可以先列出提纲,提纲的目的不仅在于搭出文章框架,更在于凝练新颖的观点、独特的视角。然后再根据提纲组织选材、精炼文字。

评论创作对日常经验、知识的积累要求很高。所谓对一个事件不同的观点与视角,很大程度上来源于作者阅历及知识储备的差异。同时,文字功底的积累与储备也很重要,如形成做书签或记笔记的习惯,随手记下日常接触到的精美文字、诗词典故、名言警句等,在写作中往往能起到意想不到的点睛作用。

第六章　理念与技巧

第一节　做宣传与做新闻

一、新闻与宣传的关系

新闻与宣传有明显区别。从传播学的角度看,新闻是对新近发生事实的报道,是受众导向的,只传递信息,由受众自行理解、判断。宣传是有意图的对新近事实的报道,是传播者导向的,报道事实是为了传递观念从而获得受众理解与支持。新闻报道遵循新闻规律,操作上往往是一次性的;宣传报道则更多地受社会管理和意识形态发展需要的支配,往往是连篇累牍式的进行。

关于什么是宣传,业内曾流行过一种并不准确的说法:所谓宣传,就是想让你知道的会想方设法让你知道。这种说辞夸大了宣传在传播方式等方面的缺陷,又忽略了宣传与新闻在输送信息、传递主张上的本质相似性,因而难免有失偏颇。事实上,新闻与宣传不是并列、截然分开的,而是相互交叉渗透的。

准确把握新闻与宣传之间的区别与联系,有助于记者在新闻实践中厘清认识、端正态度、坚定立场,更好地发挥舆论导向的作用,更好地规划、实现职业发展的方向和目标,同时也能避免走弯路、犯错误。

党管媒体,是社会主义新闻事业的根本原则;政治家办媒体,是社会主义新闻事业的基本特征。无论是科技媒体还是社会媒体,无论是行业报刊还是党报党刊,做好党的新闻舆论工作,营造良好舆论环境,都是其最根本的宗旨和目标。

二、记者在新闻报道实践中的职责

基于这一基本认识,记者在进行新闻报道的实践过程中,必然要同时承担新闻与宣传的两项职责。尽管存在因所处媒体形态、领域、报道对象不同而体现出来的差别,但只是程度上的差距而已。

首先,不因为是"宣传"任务而产生懈怠、抵触的情绪。做好的宣传与做好的新闻并不矛盾,追求新闻的专业主义也要求客观、准确、富有感染力地传播事实，以此达到表达主张、引导舆论的作用，这与宣传所要达到的目标是一致的。

其次，不因为是"新闻报道"而丧失立场、误导舆论。新闻报道虽然是对新闻事实的客观呈现，但是仍然存在舆论导向、价值判断的问题。宣传所强调的一段时期内的主题、基调、内容，为新闻报道的舆论导向和价值判断提供了宏观方向和总体依据。

最后，在操作层面，一方面要避免片面追求收视率、点击率及轰动效应，而忽略了立场、导向的问题，从而使报道出现偏误；另一方面要尊重新闻和传播规律，在日常报道中尽可能弱化"宣传的味道"，以专业主义精神和标准做报道与宣传，以客观的视角、理性的判断、清晰流畅的表达做报道，最终达到新闻宣传的最佳效果。

第二节 主题先行与新闻客观性

任何新闻都有主题，无论是消息报道的具体事实，还是通讯报道所涉及的角度与方向。但"主题先行"中的"主题"不是指具体事实或报道的角度、方向，而是指具有感情色彩、价值判断性质的论断。也就是说，在新闻采访尚未进行之前，即对报道对象、内容预设了某种观点和认识，做出好坏、对错、优劣的价值评判，进而影响乃至支配报道的行为。

简言之，"主题先行"中的"主题"是指一种预设的价值判断，是一种"先入为主"并且有可能发展成为"罔顾事实"的做法，因而与新闻的客观真实性原则相违背。但是它在新闻宣传中又较普遍地被使用，尤其在舆论引导方面具有特殊优势，因而在新闻操作中仍须辩证看待、区别使用，而不是完全抵制或杜绝。

提到主题先行，有些人会把日常报道中的选题策划也归入其中，认为策划选题提出的报道角度与方向本身也是一种预设的主题，进而否认策划的必要性。也有人以避免主题先行为由，敷衍或不做采访准备工作，不对报道对象做基本的了解和判断，完全依赖现场（实际）采访的内容量体裁衣，有什么写什么。这两种认识无疑都是错误的。

新闻策划的重要性不言而喻，不仅是日常新闻报道的必经阶段，也是重大选题及报道任务最基础的工作。日常选题需要通过讨论、研究来判断其价值大小、报道方向、操作手段，形成一种带有主观色彩的基本认识。这些都是报道准备工作的重要内容，也是对"带着问题采访""带着质疑报道"这一新闻理念的贯彻与体现，因而不应该成为报道不专业、不敬业的一种托词。对于重大选题的主题凝练、设置，是确定报道方向、内容乃至形式、风格的基础和前提。提前设定主题，便于选题操作，有利于形成氛围和宣传造势，以达到预期的效果。

可以看出，无论是主题先行，还是预设主题，都有一定的条件限制。政治宣传类题材更偏爱这种做法，媒体对重要选题的策划也较青睐这种操作模式。在记者的日常选题操作中，这些类选题可以依据主题先行的流程进行，但社会性、争议性、调查性的报道则不适用主题先行的办法，而且大多数情况下反而要极力避免采用。

总体而言，主题先行与新闻客观性之间就像硬币的两面，既对立又统一。就个案操作而言，可以预设主题，但不要限制思路，更不要违背事实，要遵循新闻规律、遵守职业伦理，可以开放式地采访，客观报道，用事实说话，把判断留给公众。有时候，具有明显倾向性的报道和事实出现错误的报道一样，在令读者感到愤怒的同时，更令记者感到难堪、让职业蒙羞。

第三节　学术价值与新闻价值

科学记者要经常采访学术会议和科研活动，查阅学术期刊、资料也是日常工作的一部分，因此经常会遇到学术价值与新闻价值冲突的状况，由此要不要报道、怎样报道成为一个问题。这也是其他新闻报道所没有的情况。

一般情况下，但凡科研上的重大突破、重要成果，如引力波的发现、基因编辑技术的突破等，因其首次性、显著性等特征，都会成为报道对象甚至是媒体追逐的对象。然而，具体研究领域的重要学术问题、研究成果、科研活动，在领域内可能很受同行关注，放入的科学范畴内则不具备前者所具有的首次性、显著性等特征，因而对其进行新闻报道的可能性将大大降低。其中还有一个关键因素在于，这些研究领域和学术问题往往是基础性、专业性非常强的话题，虽然具有较高的学术价值，但因为艰涩枯燥、距离社会生活较远，因而新闻价值并不大，更不用说传播价值了。这也是为什么一些重要学术活动的主办方邀请记者采访，希望做深入的报道，但现场记者却感觉内容太"专"了，找不到媒体报道的"点"，最后只能发一个会议消息交账。

学术价值与新闻价值的冲突是由两种价值的标准和导向不同造成的。学术价值以问题在学术体系中的重要性为标准，其导向在于引发科学共同体的关注；新闻价值以事件（问题）在学术体系以及社会话语体系中的重要性为标准，其导向在于引发社会层面受众的关注。基于标准与导向的不同，两种价值的抵牾一定是始终存在的。学术价值一方面不必强求于新闻价值，因为很多学术会议、科研活动确实不适合对公众进行科学传播，另一方面也有必要参考新闻价值的属性要求，有意识地在科学传播过程中添加符合新闻价值的要素，使两者达到调和与统一。例如，让学术报告的内容在保证专业性的基础上兼顾通俗性、贴近性，让学术活动的展示更富有趣味性和可视性，让科学问题的科普要素及人的要素丰富起来，将有助于记者及受众了解和接纳，有助于媒体捕捉符合新闻价值的信息和视角。

同时，作为科学记者，更不能忽视学术价值对新闻价值的影响作用。学术价值往往是判断新闻价值的一个重要因素，发表了论文的科研成果意味着获得了学术同行一定程度的认可，本身就具备了报道的价值。而且，学术期刊、论文不只是进行科学报道必备的辅助工具、参考资料，也是新闻报道选题、线索的来源之一。特别是对于重大问题、持续性话题的关注，深度报道、独家选题的策划，从论文中找灵感、线索，不失为一条特殊而有效的途径。

第四节　如何把握舆论导向

新闻的舆论导向多是指基于事实报道之外所产生的某种倾向、引导。积极、正面的倾向，是媒体必须坚持和倡导的；反之，消极、错误的倾向应该坚决避免和杜绝。导向性问题有时候也来源于事实本身，是新闻操作过程中对事实呈现的不全面、不准确而产生的误导。

舆论导向或舆论引导的正确性，尤其是政治方向正确，是我国新闻报道的底线之一，是每个媒体及其从业人员的达摩克利斯之剑。这里着重分析新闻操作中经常会遇到的基于事实的偏差而带来的导向错误问题。

一名记者去报道一次火灾事故。火灾发生在一处民宅，损失不严重，也没有人员伤亡。记者写稿时为了力求简洁，去掉了事故报道中常用的"事故原因尚在调查中"这句看似可有可无的"废话"。报道以此次火灾为案例，并结合消防部门提供的一段时间来居民火灾的发生情况，提醒市民加强安全意识、注意冬季火灾隐患。结果报道发出后问题也随之而来。消防部门的调查结果认定，此次火灾的责任并不在那户人家，而是楼下邻居装修时用电不慎，产生的电火花引燃了楼上的易燃物。也就是说，事故的责任并不在受灾方，但报道却在客观上形成了因为受灾方的原因而导致火灾发生的导象，也给受众以这样的印象，因而是事实不准确而产生的导向错误。退一步讲，即使报道中有"事故原因尚在调查中"这样的表述，在事实表述上不存在偏差，仍然会产生导向错误。这个报道的特殊性在于，事故的发生并不是由于居民安全意识薄弱而造成的，而引用的背景资料（数据）及指向却是如何提高居民的安全意识，事实上属于案例选用不当或是对案例做不恰当地背景延伸造成的。

下面这段内容是记者在写以生态环境为主题的报道中，提到生态农业和食品安全时所用的表述。

除此之外，记者在采访中还注意到，另有一股潮流在促成生态环境的变化，那就是有机农业、生态农业的发展，越来越多的人在追求健康生态食品。为了自己的孩子和家人以及更多的人吃上健康食品，一些人投身生态农业，从养好一片地开始，不用化肥、农药、除草剂、转基因种子、激素。大家意识到现代农业品种、食品单一化及各种化学品高强度投入，造成很大的环境和食品安全问题。

其中,"为了自己的孩子和家人以及更多的人吃上健康食品"就要"不用化肥、农药、除草剂、转基因种子、激素",存在明显的导向错误。这样的表述既有对"健康食品"概念认识的错误,更有把化肥、农药、激素等化学物质及转基因技术笼统列为"有害"的科学错误。转基因技术尽管在官方或民间还存在分歧,但主流科学界对于其"无害"的研究与证明目前仍无法撼动,这是不争的事实。同时,化肥、农药等化学物质的使用是现代技术及产业发展的必然趋势,当下的焦点不在于是否使用,而在于过度使用带来的环境生态风险,倘若一概否定,传递一种既偏激又更加不科学的观点,无疑是在误导公众。

概而言之,事实偏差带来的导向错误问题,归根到底还是源于对事实的掌握、理解和表述不准确、不客观造成的,属于报道失实。

第五节 如何快速上手

如何快速上手,成为合格、"靠谱"的记者,既是入行新人的诉求,也是其所在机构期望的。一般媒体机构对新入职人员都有类似培训手册一样的资料,旨在让新人了解媒体的基本情况、职业规范及基本新闻操作流程等。这里所谓的"快速上手",主要针对的是如何快速提高处于见习期的记者或实习生的新闻采写能力的问题,以便他们能够迅速独立地开展工作,即自主完成找选题、采访并写出合格稿件的过程。

新闻讲求实战,记者都是干出来的,所以针对如何快速上手或迅速提升业务能力的问题,我们将更多地从新闻实操层面进行解答,并尝试给出一些不一样的建议。

第一是多"犯错"。多犯错,不是指有意出错,恰恰相反,它是要求记者在认真实践的基础上尽可能发现/暴露自己的问题,然后尽快纠正改善。只有这样,记者才能获得超过其他人的进步速度。年轻人要多争取机会、不畏难、不怕苦,同时还要敢于大胆尝试,不怕出错。可以说,在这个阶段犯的错,既是宝贵的经验积累,也是不可多得的前进阶梯。及时发现问题与不足,及时进行修正和完善,要好过将来的基础不牢和积习难改。

第二是尽量多写。多写，顾名思义就是多操作选题、多练手。这里需要强调两重意思。一是多争取选题操作的机会。多操作选题，不仅能够尽快熟悉采、写、编的基本流程和内容要求，还能尽快接触不同领域、不同类型、不同体裁的新闻实践活动。二是多做文字上的锤炼、琢磨。在文本打磨上多下功夫，在时间允许的情况下反复推敲文字、调整段落，以期达到简洁、流畅、逻辑清晰的文风，这将奠定记者今后文字表达的整体基调和风格。

第三是多改（多读）。初稿写成后要多做修改，一方面要拾遗补阙、润色修改，另一方面要通读文字，检查文字的流畅性。一些老记者在写作上有些不好的积习，其中"文不通、字不顺"就是一个非常有代表性的问题。句子结构不完整、病句、用词不当、逻辑跳跃等，一方面是文字功底的问题，另一方面也有写作技巧的问题。这里要提供的技巧之一即是"多读"。默读初稿，其实是参照广电新闻的要求，想象文章是要被口播出去的，通过朗读以检验文字是否准确、表达是否别扭、逻辑是否清晰顺畅，只有读起来流畅上口，文章在表达上才算过关。通过默读的方式来写作及修正文字，是解决"文不通、字不顺"问题的一个小技巧。

第四是多模仿。多看新闻，如新华通讯社、《人民日报》、澎湃新闻的报道，并且多揣摩其写作技巧，甚至参照范文进行模仿写作，是快速提升写作水平的重要途径。模仿成熟的新闻作品，不仅在于学习其语言风格、用词造句，关键在于揣摩其结构框架、标题与段落的设置，核心在于学习其对不同题材的驾驭风格。例如，政策解读类稿子如何写、突发事件如何报道、调查性新闻如何展开、会议活动类题材如何呈现……

第五是多交流。多向其他记者、编辑请教，借鉴他们的经验，同时发现自己的问题。特别是多与编辑交流自己稿件的修改状况，最好能拿到自己稿件的编辑修改版本（如带修订模式的修改稿），分析修改的原因和改进的方法。同时，对于刊发出的稿件，对比原稿查找不足也是有必要进行的锻炼之一。

除了上述这些快速"进阶"的小技巧，日常理论的学习、资料和资源的积累、对于报道领域的扎实研究，都是记者工作中必不可少的功课，在此不再赘述。

第六节 抓"活鱼"

关于抓新闻，有个通俗的说法叫作抓"活鱼"。这个比喻形象地道出了新闻的特性。新闻就像活鱼一样，是新鲜且活灵灵的，然而也如同活鱼一样滑溜，想要徒手抓住并不容易。

有学者曾认为，"活鱼"与"死鱼"最大的区别就是"活鱼"是生动、鲜活的。科学记者的"抓活鱼"，强调的是报道的主题性、及时性、针对性与时效性，同时更要求突出稿件的可读性。因此，所谓"抓活鱼"，就是要报道读者喜闻乐见的新闻。

一般情况下，"活鱼"包括两种形式：第一种是记者凭感觉能够立刻判断出来的重大新闻；第二种是需要进行深入挖掘的新闻。第一种多为突发性的新闻，新闻记者很容易判断，而对于第二种新闻的判断就相对困难，这些"活鱼"深藏在水中，需要用独特的视角来挖掘。实质上，只要是有价值的新闻，无论是在哪里发现，都属于"活鱼"的范畴。

就科技报道而言，"活鱼"并不比其他领域少。也许有人会认为，科技政策、科技成果等科技新闻的内容相对经济、社会新闻来说，能自主发挥的余地并不大，其实并不是这样。俗话说："仁者见仁，智者见智。""一千个读者心中就有一千个哈姆雷特。"对于科技新闻而言也是如此，每个科技新闻都有其独特的价值。

科技新闻是新闻的一种特殊类型，在大众传媒上以独特的内容和形式反映人类探索自然的动态及进展。分析科技新闻的特征，不仅要从新闻内容上找出它的特殊性，而且要考察表达形式和传播渠道的多样性。

例如，每一次的院士增选应该是科技领域的重大新闻，如果按部就班的报道，很可能是"今年评出院士××名，年龄最大的××岁，最小的××岁"等诸如此类的常规内容。但如果此前记者对院士增选有一定的了解，对历届增选中的数据做过大致分析，就可能会抓到"活鱼"："今年院士增选首次评选出××学科的第一名院士"，或是"今年新当选院士平均年龄低于××岁"，等等。如果再进一步挖掘，很可能抓到更多的"活鱼"："新当选院士有多大比例为海外归国人才"，结合我国相应的人才战略、科技发展趋势，做一篇角度独家的关于院士增选的科技新闻是非常有可能的。

报道角度与新闻主题有密切的关系，主题是主体，角度是辅助，同一个主题能够从多个角度进行报道。科学记者在选择报道角度时，应该坚持以事实为出发点，尊重客观事实，深入分析报道角度，看哪个角度更容易体现现阶段我国科技发展的进程。偏离了这一指导思想，科技新闻也会失去其应有的意义。

美国新闻学家卡斯柏·约斯特在《新闻学原理》一书中形象地阐述了新闻敏感对记者的重要性。他说："一个不善于辨别色彩的人，不能成为一个画家；一个不懂得和谐的人，不能成为一个音乐家；一个没有'新闻敏感'的人，也不能成为一个新闻记者。"

此外，要抓"活鱼"，就得下水。除了新闻敏感性之外，科学记者的日常积累是抓到"活鱼"的必备工具。"脚板底下出新闻"，此话不虚。能抓到"活鱼"的记者，一定是在背后下了功夫的。记者只有通过深入地采访实践，才能抓到最鲜活的独家报道。

第七节 "吃干榨净"与"一鱼多吃"

顾名思义，"吃干榨净"指的是对采访素材的充分利用；而"一鱼多吃"则是对采访素材在不同主题稿件中进行多元化呈现。

在新闻报道中，每次采访、每次素材的收集整理都是为最后稿件主题呈现所做的必备工作，而获取的素材通常不会全部用到稿件中去。比如，一场以"学术道德"为主题的报告会或研讨会，发言的专家围绕学术道德可能会谈到各种相关问题，而一篇好的新闻稿件不会是面面俱到的，记者应该选取最新、最能吸引读者眼球的报道角度，如"医学领域成学术造假重灾区"或"论文代写的地下产业链猖獗"等。这样一来，会上专家发言中与此不太相关的内容就不会被选取。

如何做到"吃干榨净"呢？眼下，媒体间竞争激烈，获得独家新闻变得越来越难，进一步深度挖掘记者手头现有的素材，可能就会有大收获。还举"学术道德"这个例子：记者在完成第一篇新闻稿件后，可以对专家发言内容进行再梳理，从中找到新闻线索，如"××高校今年对××起学术不端行为进行了处理"。从这个线索出发，结合当前我国在学术道德上的"零容忍"政策，补充采访高校负责人、科技政策等领域的专家。以此线索为案例或新闻由头可能就会写出一篇很好的综述报道。

"一鱼多吃"也是同样的道理。记者在对素材的选取和判断上一定要有充分的把握。还是以"学术道德"为例，用"论文代写的地下产业链猖獗"为主题做一篇消息报道，同时深入采访知情人士、业内专家及调查论文代写的各种机构，摸清其中的门道，极有可能对这一新闻做出独家的深度调查报道。

当然，在讨论"吃干榨净"与"一鱼多吃"的同时，首先要明确新闻素材确实有其运用的价值。如果只是为了增加篇幅给稿件"注水"，将消息写成通讯，或者为了增加发稿篇数写了主题和内容都雷同的稿件，则是万万不可取的。

一名好记者应该从宏观角度判断新闻素材的价值。新闻素材虽然只有某个事实的片段或概况，但它可以给记者指明采访的大致方向和范围，给记者提供感知直至认识整个事物的前提和基础。

对新闻素材的把控和价值判断，应该拓宽思维、延伸视角。能否将新闻线索"物尽其用"，是一名记者的功夫。新闻线索、新闻素材的获取，是记者的一项基本功。同样一个新闻线索，有的记者如获至宝，有的记者却无动于衷，甚至视而不见，这反映了不同记者在识别和判断能力上的不同。应该说，新闻素材的价值判断是衡量记者业务能力的重要指标。判断准确，才能将有价值的新闻"吃干榨净"，否则则有可能与新闻失之交臂。

当然，从新闻从业者的职业规范和道德准则来说，在"吃干榨净"与"一鱼多吃"的处理上，用得好就是事半功倍，用不好只能是自毁前程。

第八节　要不要审稿

新闻报道的审稿是一个需要重视的问题。

审稿的目的是什么呢？审稿是将记者完成的新闻稿件交由新闻宣传活动组织方、被采访对象进行审阅，目的是保证内容的准确，以对报道负责，对读者负责，对作者负责。

凡涉及国家领导人、主办单位领导的稿件，必须要有审稿流程。一般性稿件尽量要求被采访对象审稿，确保文章科学严谨，不出现常识性错误。

负面报道或舆论监督性报道，应视具体情况而定，可以采取部分审稿的形式，即只给每个采访对象审涉及其本人的部分稿件，不给其全部稿件。需要说明的是，除极特殊情况外，涉及国家领导人的内容一般需要采用新华通讯社已经播发的稿件内容。例如，《金陵晚报》曾特意制作了一张"阅稿单"。所有舆论监督报道在发稿前都必须先将尖锐的问题交给被报道对象审阅，并将意见提在阅稿单上。记者根据反馈意见再进行补充采访。由于事先进行了"尖锐对撞"，就很少出现报道后报道对象不满的现象。

关于审稿，我国媒体从业者内部也曾有过激烈的讨论。

2015年两会期间，一篇新华通讯社记者采访全国政协委员陈道明的手记[1]引起了业界和舆论界的热议。手记所记录的"陈道明改稿事件"更是引起了巨大争议。支持方的观点认为，采访后把相关稿件交由采访对象进行检查确认，可以最大限度地防止"失真"，是记者对采访对象尊重的体现，尽职尽责，合情合理。反对方的观点认为，当事记者将本该属于记者和编辑的权利让渡给了非专业人士，涉及原则和职业规范问题。

有专家认为，事件中涉及的新闻在发表前是否应该让消息来源审稿的问题，西方许多主流媒体已经态度明确，但是中国还缺乏相关规范。我国媒体行业相关

---

[1] 吴雨. 记者手记：陈道明席地而坐　为我亲手改稿. https://mp.weixin.qq.com/s/t-ywyg8kAtCL6-zZ8AzvMQ [2015-03-07].

的法律法规没有对新闻报道的审稿环节进行明文规定,但从实际操作来看,保证有效的审稿应是利大于弊。

举个例子,某研究所的一项最新成果中涉及多个专业名词"当非广延参数 q 的值在 $1.069 \leqslant q \leqslant 1.082$ 范围内,即可成功解释大爆炸锂丰度的观察结果"。如果记者在采访中记录的数字有误或是写作过程中出现误操作,很可能会导致错误的科学术语和数据出现在稿件中,并且这样的错误在随后的编辑校对环节很难发现。而通过审稿过程就可以大幅度降低类似问题的发生概率。

因此,做好审稿工作是十分有必要的。但需要注意的是,记者应该坚持新闻性的原则,稿件以新闻性为重。审稿前需要与审稿单位和采访对象充分沟通,除了事实错误可以进行修改外,语言风格、文章逻辑等应尽可能保持新闻性,从而避免一篇新闻稿件因为审稿被改成某个单位、某个项目的报告总结。

第七章 编辑出版

第一节　报纸编辑对记者的要求

一、基本要求

记者是其所写稿件质量的第一责任人，对稿件中出现的时间、地点、术语、人名、职称、职务、机构、数字等信息的准确性负责。记者要确保新闻事实的准确、真实，所写稿件应过程清楚、要素齐全、逻辑合理，并力求简明、精练。

如无特殊情况，记者应该坚持到现场采访当事人。实在因为时间、空间不便才进行电话采访。转述其他媒体的采访内容时需要注明来源。

记者发现突发重要新闻或新闻线索，要在第一时间向编采部门负责人报告。

由于科技媒体的特殊性质，科学性和专业性较强的专访类稿件一般要经采访对象审阅后才能向编辑部发稿。

二、批评性稿件的特殊要求

记者采写批评性报道，要坚持以事实为依据，以法律为准绳，以权威的数据或判决为支撑。要选择具有典型意义的事例，并把握好度，特别是准确度、力度和深度。采访要深入，要注意听取各方意见，要用全面、联系、发展的眼光观察事物和分析问题，防止一种倾向掩盖另一种倾向，不站在任何一方写报道，"当裁判"。写作上要少用定性词句，尽量用当事人话语反映问题，不可由记者直接做出判断。避免使用过激语言。要保留好采访的笔记、录音等全部材料，做到有据可查。

重要批评性报道须经总编辑或值班总编辑审阅签发。采编人员采写批评性报道，必须事先向报社有关负责人上报选题，经有关领导批准后方可着手进行。其中，涉及一般科技人员个人的批评性报道或一般机构、事件的批评性报道，由部门负责人审批；涉及院士、知名学者或科技研究机构、大学的批评性报道，由分管社领导或值班总编辑审批；涉及国家科技、教育管理部门、各大部委的批评性报道，必须由总编辑审批。

三、其他特殊稿件的注意事项

涉及主管部门主要领导活动的稿件，须由主管部门审稿。评论、社论一般须经值班总编辑审阅签发，特别重要的须经总编辑审阅签发。相关版面的编者按、评论等言论性文章须经值班总编辑审阅签发。重大报道须经总编辑或值班总编辑审阅签发。

凡涉及有关党和国家领导人出席会议的消息，领导人的排名顺序一律参照新华通讯社和有关规定排列，不得自行排列。凡主管部门领导与其他部门同级领导同时出现的场合，写消息时以宾主礼节排序，即优先其他部门同级领导。如果部委之间在级别上有差异，应将职务高的排在前面。

四、稿件的电头与署名

消息、通讯类作品（言论类稿件除外）一律实行实名制。经报社正式聘用或批准的记者署名"本报记者"或"本报见习记者"；经报社批准的通讯员署名"本报通讯员"；经报社批准的实习生采写的稿件署名"实习生"。未经报社正式聘用或批准的其他人员，一律只署实名。撰写评论如果使用笔名，该笔名须在总编室经过备案。

一般情况下，300字以上的消息，电头部分应按"本报×地×月×日讯"（必须是当日消息）或"本报讯"的格式书写，后接括弧"记者××× 通讯员×××"，然后才开始正文；如署名在文后，则直接署上作者姓名，不加身份。300字以下的简讯，一般将作者姓名直接署文后。通讯、特写等稿件，须署"本报记者×××"，文前单列。言论类文章，作者署名文前单列。

关于数字的用法，按照有关规定执行。稿件应使用法定计量单位。

五、各类体裁稿件的字数要求

报纸记者撰写、编辑的稿件，要求言简意赅、言之有物。为了读者阅读方便，提倡文中尽量不使用字数过长、结构复杂的句子，每个段落也不宜过长，鼓励多写短稿。简讯类稿件一般在 300 字以下，消息类稿件在 800 字以下，要闻类稿件在 1000 字以下，通讯类稿件在 2000 字以下，评论类稿件在 800~1500 字之间；各周刊、专业版重要稿件在 3000 字以下。如特殊情况下稿件超过规定的字数，必须提前一个工作日报值班总编辑批准。

六、关于稿件中时间、地点的注明

对于新闻事件发生的时间、地点，请在稿件中清楚注明具体的×月×日×地，不要采用"日前"和"近日"这样模糊的说法（如果因为某些原因需要这样做，也由编辑最后斟酌决定）。这样有利于编辑了解新闻的时效，并在版面安排上做出选择。

第二节　编辑对记者的指导

一、选题的确定

以《中国科学报》为例来说，编辑需要对版面构成和新闻热点有宏观的把握和认识，也需要在科技新闻领域有比较丰富的积累，才能帮助记者对选题方向进行好的选择。由于实际情况的差别，并不是每个媒体都是由编辑来指导记者采写稿件。但就总体规律而言，"编指挥采"应该是稿件操作流程的正确打开方式。

一方面，编辑需要从每天大量的新闻热点中甄选出值得挖掘的科技新闻选题和可以从科技角度解读的社会新闻选题，选派合适的记者进行采写；另一方面，对于记者每天汇报的其负责领域的新闻线索，编辑要对其新闻性做出迅速判断，从而与记者沟通好稿件的写作方向、体裁、大致篇幅和可能的版面。

比如，每年的两会报道，参与采写的记者非常多，接受采访的教育、科技、文化、卫生相关领域的委员和代表更多。如何让稿件更有新闻价值和采访内容不"撞车"，需要编辑进行先期策划，凝练出当前的新闻热点，有针对性地组织记者进行采写。同时，对于记者们每天带回的各种非计划内的新鲜线索，也要与记者及时沟通，做好其中有滋味的"活鱼"稿件的写作。

二、对记者采写过程的支持

采写稿件虽然是记者的工作，但合格的编辑也要提供后台支持。例如，编辑可以向记者推荐合适的采访对象，帮助记者寻找采访对象的联系方式；即时掌握稿件采写的进度，在记者采访遇到困难时与记者商量解决办法，更换采访对象或调整稿件的写作方向；向记者建议可以增加的采访话题，提升报道的新闻价值。

例如，每年的诺贝尔奖获奖名单揭晓是媒体尤其是科技类媒体密切关注的新闻。每个奖项揭晓时，一方面，编辑要迅速组织记者翻译诺贝尔奖官网的英文信息；另一方面，编辑还要安排记者尽快联系国内外相关领域的专家进行解读，并挖掘其中可能的相关新闻点。目前科技领域高度细分，编辑可以发动整个采编部门寻找最对口的专家资源，帮助记者节省采访时间。在记者忙于采访时，编辑还可以随时从网络信息动态中寻找可以继续挖掘的故事点，以供记者采访时参考。

三、对记者稿件的修改

当记者稿件交到编辑手里时，情形有点儿像各种食材送到厨房，厨师开始烹饪一桌子的饭菜。有的食材，如新鲜可口的三文鱼，厨师简单处理后以刺生的形式端上桌就好了；有的食材需要厨师去掉那些粗枝败叶摘出新鲜部分才能烹饪；还有的食材需要厨师进行更复杂地处理和搭配。

有时候，记者会接到编辑的电话，希望他再补充某些方面的素材或采访，这通常是因为编辑认为稿件出现了比较明显的信源不充分、观点表达不均衡，导致稿件内容站立不稳，才会提出修改要求。还有的时候，记者会发现自己见报的稿件出现较大的段落顺序调整和修改，有的通讯的小标题被更换，这往往是编辑认为稿件有比较明显的逻辑缺陷需要对内容重新排列组合。另外，有的稿件字数可能会被删到原文的几分之一，有的稿件可能会从通讯体裁改为消息体裁，有的稿件的开头等部分会完全重写。出现以上这些比较大的改动时，建议记者主动和编辑进行进一步的交流和沟通，了解原因和编辑对稿件的具体要求，避免以后再次出现这样的情况。

一位负责任的编辑会逐字逐句地阅读、推敲每篇稿件，修改语法不畅、用字错误、标点不当、表达歧义之处。

需要注意的是，有的记者在稿件撰写时分不清何时可以用受访者的口头语，何时应该用书面语。适当的口头语能生动地体现采访时的语境和受访者的情绪、性格，更富现场感和真实感，但过多的口头语却造成稿件大面积的语法问题。这时候就需要编辑做大量的修改工作。

还有的记者喜欢用超长句和超长段，既让文风不简洁，也不方便读者快速阅读，是编辑不提倡的。一些超长句还容易成为语法结构混乱的病句。编辑经常需要帮这类稿件"瘦身""修颜"。

此外，作为稿件的把关者，编辑除了修改文中的病句和错字以外，会对记者的重要采访对象的身份、姓名进行核对，对常见的不规范科技用语进行订正，检查稿件前后不一致的细微之处，等等。

最后，一个称职的编辑还会考虑为稿件选择更有吸引力、更准确的标题。

如此种种之后，"厨师"才可以将炒好的"菜肴"端上餐桌。

第三节　轮岗的必要性

由于记者要对自己负责的领域、部门进行日常维护和积累，再加上编辑岗位人员相对固定更便于工作管理，所以我们在这里讨论的轮岗是指记者短时间到编辑部门"体验生活"的情况。当然，编辑到记者岗位进行轮岗也有好处，此处不多做介绍。

一、为什么要求记者轮岗？

对于部分记者，尤其是新记者来说，虽然受过新闻专业训练（也有可能没有受过专业训练，因为文字功底和综合素质好被选作记者），但是毕竟缺乏实际操作的经验，对科学媒体、对稿件的具体要求并不十分清楚。直接到稿件加工链条的终端来轮岗是一个比较快捷的进步方法。

即使是成熟的记者，偶尔到编辑部门进行短时间轮岗，也是一个换换思路、全面了解同仁们工作状态及报社稿件供求情况的机会。反复编改他人的稿件，取长补短，或许可以帮助记者更快提升自己稿件的水平。

二、轮岗学什么？

在编辑部门轮岗，记者将学习对简讯、消息、评论、侧记、通讯等各种新闻稿的编辑，从稿件格式到字数把握，从逻辑调整到逐字逐句地斟酌和增减，从错别字到语法错误的纠正，都将在每天的工作中反复练习。

一篇写得好的稿件，自然需要一个配得上它的好标题；一篇并不十分出色的稿件，有时因为一个有灵气的标题也能吸引大量读者的目光。有一部分记者不考虑标题怎么取，甚至拿长达三四十字的标题直接交给编辑，认为"成果太复杂我也不知道怎么删"。在编辑部门轮岗后，记者可能会大大加强对新闻标题的重视。因为在编辑这里，这样的标题是不允许见报的，再难删改也要改，最好改到 14 个字以内，既要保证准确，又要争取改巧。

有些记者写稿子不太考虑字数限制，喜欢面面俱到，洋洋洒洒一大篇。然而新闻稿件需要重点突出，还有版面容量限制，不能什么都往稿件里装。轮岗以后，记者就比较能理解为什么自己那么长的原文被"砍"了很多才见报，有助于记者以后更准确抓新闻点，把精力更集中使在"刀刃"上。

在编辑部门经历了给大大小小稿件"抓虫子"的工作以后，记者能够比较深刻地记住一些常见错别字、常犯的语法错误和容易"掉坑"的问题。

三、记者轮岗时完全不写稿了吗？

记者轮岗时，如果有自己擅长的重要新闻需要采写，还是可以适当调整来写稿的，编辑部也会予以配合。当然，轮岗期间记者出差跑外地的可能性就比较小了。

而且，编辑日常也要撰写一些评论，如时评或一些新闻事件的小短评等。此外，编辑还经常需要给重要稿件做引题和导语，给一些特稿、系列稿件撰写编者按、编者的话。这也是一种写作能力的锻炼，需要高度凝练的文字和对稿件全局内容的把控。

第四节 采编合一的特殊优势

所谓采编合一，即编辑部人员在报社时是编辑，出去时是记者，既采又编，采编工作更紧密地结合在一起。其中，采即指收集信息，采编人员出去当记者采集信息，撰写稿件；编即指编辑稿件内容、安排稿件的版面及排版。

不过，相比采编分离制，采编合一制在全局眼光、专业分工、开放程度等方面也容易出现薄弱环节，因此要更加注意强调采编过程中的编辑视角，提高版面的质量。

首先是大视角意识。采编合一机制下采编人员要有编辑的大视角意识，避免囿于部门限制而导致整体呈现内容的不统一、不"有机"。采编合一模式的优点是实现了新闻采和编的协调沟通，提高了效率，但缺点是只实现局部的整合，没有实现全局的打通整合，因此容易造成部门利益大于全局利益。例如，有一则新闻，就其重要性而言应放在头版或其他更重要的版面，而周刊出于自身利益的需要，则希望把有价值的新闻留在自己的版面上。在这种情况下，采编人员就要有全局意识，从报纸整体利益出发，为版面的统一性和有机性担负起相应的责任。

其次是要有跟进新闻热点的意识。在采编合一模式下，容易导致一线记者只关注周刊"主业"而忽视生产主业新闻之外的副产品，造成其所关注的领域内大量有价值的交叉新闻被遗漏。与此同时，因为周刊的频率是以周为单位，如果只专注周刊新闻生产，也容易导致忽略时效性强的新闻热点。这时，就要求周刊采编人员强化编辑意识，积极跟进或许与自身版面关系不大、属于报纸关注重点的领域内的新闻热点，为整个报纸的新闻生产做出自己应有的贡献。

再次是把关意识。周刊人员自采自编内容，容易导致稿件质量把关意识不严等弊端，流于"版面承包制"。此时，编辑一定要记住自己"把关人"这个角色，阅读、修改的过程，就是编辑随着记者完成的一次采访经历；对稿件中的数据材料、采访对象的话语引用等进行核实，并做出真实性、准确性的判断；对新闻的价值、社会影响力进行专业判定，确定新闻稿件在版面上的篇幅、位置……虽然是采编合一制，但角色分工上要时时有采编分离的意识，这样神离形不离的采编合一模式才能适应媒体专业发展的要求。

最后是开放意识。采编合一机制下，由于版面都把控在各部门手中，容易产生部门本位主义。突出表现为：版面基本成了对应部门的承包版。即使质量远不如其他部门的稿件，本部门的稿件也理所当然上本部门的版位。这对版面资源，尤其是优质版面资源，是一种浪费。此时，要特别注意保持版面的开放性，不能"闭关锁国"，对报社内其他部门记者的稿件要持积极吸纳的态度，以稿件质量的高低决定其所在的版面和版位，让版面始终处于一种竞争性强、精益求精的状态。

第五节　网站编辑对记者的要求

相较于报纸新闻、广播电视新闻的历史，网络新闻的历史并不长，我国网络媒体也是近几年才获得官方承认的新闻采访权。过去，相比报纸、广播、电视等传统媒体，网络媒体是"新媒体"。现在，相对于公众号、计算机应用及各种线上线下交互社区，网络媒体已经沦为传统媒体的范畴。但不可否认的是，网络媒体仍然是现在主要的新闻信息载体之一。因其与其他媒体形态存在截然不同的信息采集、编译、传播的方式，因而网站对记者也有特殊的要求。

第一，网络记者必须具备用户思维。无论媒体怎么变，敏锐的新闻判断力以及过硬的写作能力，仍然是记者这一职业不可或缺的基本素质。然而在网站编辑的视角下，从事网络媒体工作的记者仍需要具备一些符合互联网交互特点的技能。例如，网络媒体的记者要有用户思维，传统媒体以记者为主导，网络媒体则以用户为主导。这就需要记者的报道要更加坚持"受众立场"，运用富有人情味的写作，展示戏剧性、故事性和亲和力，以此尽可能地靠近公众、引导公众。

第二，网络记者必须一专多能。记者除了具备基本的采写技能，还要熟练掌握互联网相关技术，特别是运用多媒体技术的能力。网络媒体是集成性很强的媒体，网络新闻的制作是包括文字、图片、图表、音视频等多方面技术的综合应用。作为网络记者，需要突破新旧媒体的界限，熟练使用各种编辑制作软件，学会操作相机、摄像机、VR设备等，灵活运用各种传播手段达到网络新闻的综合表达的要求。

第三，网络记者必须具有很强的整合能力。整合是将孤立的信息在宏观背景下有意识地重新组合再造的一种传播手段。整合能力要求记者除了具备常规的新闻传播理论和新闻实务技能，还应该保持清醒的头脑、独立思考的能力及严格筛选核实的标准，以网络特质的语言、全球性传播的视角进行新闻信息产品的创造与生产。有时候，网络记者和网络编辑没有严格的区分，记者集采写编及制作、发布、互动等职能于一身。这样的工作性质更要求网络记者/编辑具备很强的信息整合再造的能力。

事实上，除了具备上述基本素质要求外，作为网站"小编"，可能更关心记者采写的稿件是否符合网站要求、是否能达到理想的传播效果。就目前而言，很多网站还没有独立的新闻采访权，因而也没有专职的记者，其新闻来源主要还是依靠报纸等传统媒体记者所采写的稿件。因而，就新闻内容及形式而言，仍会有一些更加细微的要求。

例如，在选题判断上，贴近性、趣味性、冲突性、争议性的话题更容易受到关注；在报道上，"第一时间"上网的时效性，图文、视频、H5等多手段呈现的丰富性，滚动、直播等传播方式的多样性，更能决定新闻传播的广度与深度；在写作文本上，耸动、夸张、形象、富有感情色彩的标题更能吸引受众浏览新闻，轻松、诙谐、个性化的语言表达更能引发网友的共鸣与交流。这些需求的提出，对向网站供稿的记者提供了不一样的新闻实践的指南和标准。

特别是在媒体融合的背景下,"同平台采集、多平台发布"的立体化传播,成为媒体未来发展的重要方向。所谓的全媒体记者,要根据传播终端的不同定位和需求,策划采写不同的稿件,综合完成平面媒体、广播、电视及网络、手机客户端等传播终端的发稿,对同一新闻题材进行差异化层级开发。记者更需要紧跟技术发展的步伐,不断学习,培养综合运用文字、图片、音频、视频等手段对新闻事件进行立体化展示的能力,才能完成在不同载体和终端进行新闻信息传播的工作。

无论是网络传播还是全媒体传播,不同新闻适用的展示方式和用户偏好始终是各不相同的。这种客观存在的差异性要求记者在面对不同的新闻题材时,必须要考虑其贴近受众的最佳表现方式。以网络传播平台为例,面对突发性事件,图片和视频的视觉冲击力更强;分析性报道则以文字的条分缕析配以丰富的背景资料最佳;财经类新闻借助图形图表,则能够提高报道的专业性。因此,某个新闻事件发生后,是以文字报道为主,还是以图片影像取胜,或者以其他技术手段进行展示、互动,依然需要记者临场做出判断。

第六节　新媒体编辑对记者的要求

我们在这里所说的新媒体,是建立在微博、微信等移动互联网交流平台上,向受众提供内容产品的一种传播形态。不少报社都有自己的微博和微信公众号,记者供稿是其内容来源的重要途径之一。

新媒体与传统媒体的区别体现在传播媒介不同、传播方式不同、阅读方式不同(前者更随意、更方便)、受众不同(前者阅读群体更年轻)、形式不同(新媒体多是文字、图片、视频为主,有时还有表格、图)、创作方式(新媒体更便捷更有时效性)等,内容上自然也会有所区别。

应该明确的一点是,记者写新媒体的稿件,首先是必须达到传统媒体的基本要求,如真实、准确、文字流畅、逻辑合理。尤其对于科学新媒体,在科技知识的介绍和运用上,仍然要做到精准无误,传统科学媒体需要的专家核实、审稿的步骤并不能马虎。

下面谈谈对于新媒体稿件的一些特殊要求。

一、对稿件时效的要求

因为传播速度极其快,新媒体的稿件首先要求的就是时效新。给新媒体供稿的记者往往在新闻发生现场就开始用笔记本电脑甚至手机写作并拍照,第一时间将稿件和图片(或视频)传给后方的编辑部。

二、对选题的要求

新媒体稿件选题要争取紧跟热点或契合读者(用户)群的普遍兴趣点。通常,如果记者抢不到热点新闻和重大新闻的第一落点,那么第二落点就一定要考虑写作的切入点。记者需要在热点里另辟蹊径,同样的热点话题、新闻事件,一般都会有很多人在写、很多新媒体在发,所以如果没有新颖、独到的切入点,文章就很难得到读者的青睐。

三、对稿件结构的要求

记者为新媒体撰写科学新闻稿件时,应当以"信息对受众有用""话题让受众感兴趣""我们的解读最权威"为出发点来写作,突出新闻的可读性、趣味性和权威性。

从结构上来说,相对传统媒体,新媒体不要求中规中矩,重要的是将最吸引人、最有意思的部分放在最前面,然后一边展开讲述,一边又抖出新的新闻点。无论是整篇还是一个段落,都应遵从重要价值优先的原则。让读者一眼就能看到最关心的信息。同时要巧妙设计悬念,吸引读者一段段往下读,而不是看了开头就点关闭按钮。

四、文字风格的要求

在文字风格上，传统媒体的语言相对比较严谨甚至严肃，新媒体写作则提倡活泼生动，运用俏皮时尚的网络语言，表达也可以偏口语化，使读者感觉亲切有趣。解释科学术语时，应该请受访专家多采用比喻和举例的方法来帮助读者理解，降低科技新闻的阅读门槛。

新媒体稿件不需要大段大段的抒情议论，更要避免晦涩难懂的词汇。因为一个两个这样的词汇反复出现，很有可能让读者直接结束这一次的浏览。

不论是传统媒体还是新媒体，记者都要谨记，冗长的句子和庞大的文字块会让读者产生阅读疲劳，善于拆分才是王道，新媒体更加如此。因此，新媒体写作要力求简洁，一般每句话不超过 20 个字。多分段，并且段落也要尽量简短，这样可以加快阅读的节奏感。

在字数方面，新媒体稿件总体要求短小精悍，使得读者在把玩手机的一分钟甚至几十秒间隙中就能够阅读完毕。当然，这也不是绝对的，如果内容足够精彩，文章的分区和图片穿插得当，一些相对长的稿子也会受到手机读者的青睐。但比较长的新媒体稿件要多用小标题和配图，将文本分成若干块，便于用户快速选择信息阅读。

值得注意的是，读者在阅读新媒体新闻时大多是跳跃式阅读，因此最好一个段落表达一个完整的意思，便于用户搜寻式阅读和跳跃式阅读。

五、对标题的要求

虽然是最后才谈标题，但是对于新媒体稿件来说，标题却至关重要。新媒体稿件只有标题先抓住了读者的眼球，才可能得到被点击阅读的机会。没有好标题，稿子写得再好也无人赏识。

从标题制作上来说，传统媒体标题有比较严格的字数约束，超过 14 个字的标题往往会被编辑"嫌弃"，但新媒体的标题却不是这样，超过 20 个字的标题也并不少见。当然，新媒体的标题也不宜过长。

制作标题时，要凝练文章最精彩部分的内容，就是要简单、直接地告诉读者（用户），这个新闻最吸引人的内容是什么，即尽量包含所有重要的新闻要素。标题可以包含具体的数字、特殊的情节或细节、超乎人们传统认知的奇怪现象，更有利于增加阅读率。也可以在标题中设置悬念，扣人心弦。

需要强调的是，我们可以适当做"标题党"，但是标题和正文内容要尽量保持一致，不能让读者产生上当受骗的感觉，尤其对于做科学传播的媒体来说，这样的结果得不偿失。

第八章 作品点评

第一节　历年评报

读报评报这项工作对及时查漏补缺、精益求精，更好地提升报纸的质量和品牌影响力非常有助益。一些报社采用由总编辑或值班总编辑撰写点评的模式，但也有推荐由采编部门负责人撰写点评的形式，即由相关部门的负责人对近期刊发的报纸内容、版面进行点评。这种模式的优点在于，一线部门负责人对选题及其操作、编辑过程、版面呈现等环节都非常熟悉，能够得出更直观的感受、提出更有针对性的建议。同时，由他们进行点评，也会形成最直接的反馈效果和推动作用，有助于提升采编环节的运行效率和新闻产品的质量。

以下列出了一些代表性的评报案例。虽然是只言片语，但无论是记者还是编辑，都能够从中找到一些规范性要求和方向性指导。

2015年5月14日《中国科学报》第一版（图8-1）

《中国科学报》2015年5月14日的第一版、第四版为国内新闻，当天的信息源头主要有两个：一个是会议新闻，包括报眼、竖头条、各种类型的消息；另一个是发表在学术期刊上的科研成果。由此带来的问题是，信息都是二手的，不够"鲜"。同时，会议新闻的报道也只是还原现场，几乎是在场领导的发言观点摘录，如竖头条《智能制造是今后主攻方向》就不够"活"。

2015年9月17日《中国科学报》第一版《北京地下水位回升结论引争议》

北京地下水位回升结论引争议
■本报记者　李瑜

9月10日，媒体报道称，北京市水务局885个地下水位监测点数据显示，7月31日北京市地下水埋深度较6月30日回升了15厘米，达到26.55米，地下水储量增加8000多万立方米。是1999年以来地下水位首次回升。

图 8-1 《中国科学报》2015 年 5 月 14 日第一版

对此，北京市水务局水资源处处长戴育华表示，地下水位在用水量最大的 7 月份实现回升，最大的功臣是南水北调。然而，对于水务部门的上述结论，有关学者却并未表现出同样的乐观，甚至对监测方法提出了质疑。

监测方法待商榷

"用 7 月底与 6 月底的水位相比，来说明北京市地下水位 16 年来首次止跌回升，是不科学的，也是不符合事实的。"中科院地理科学与资源研究所水资源研究中心主任贾绍凤在接受《中国科学报》记者采访时如是评价。

贾绍凤认为，监测方法主要存在两个错误。

首先，要判定本年度地下水位是否上升，应该用今年某月份水位与去年同期水位相比较。海河平原包括北京的水位，基本趋势就是上半年因降水少且春灌和城市用水抽水而下降、下半年尤其是夏季因为降水多且灌溉用水少而上升。"7 月份水位上升是正常现象，该月水位上升不能说明这一年都上升。"

此外，对于水务局给出的地下水位 16 年来首次回升的结论，贾绍凤也并不认同。"实际上不只今年如此，而是除了降水少的少数年份，夏季水位一般都上升。"

"上升 15 厘米是不是一个有代表性的数字？它能否代表整个北京城区的情况，能否代表一个趋势？还是一个偶然因素所致？"采访中，南开大学环境科学与工程学院教授黄岁樑发出了一连串诘问。

记者查阅报道发现，自 7 月 16 日夜晚起，北京普降暴雨，西部、北部区县接二连三启动暴雨"2 级橙色"预警，并连夜升级为"1 级红色"级别，其中房山 24 小时降水量为 170 毫米，达到大暴雨级别。

"同样是下雨，一次性的大雨和同等水量分批次降水的小雨，对地下水的补给是有很大差别的。"黄岁樑说。

南水北调非"首功"

据北京市水务局相关负责人表示，此次地下水位回升，除去降雨之外，最主要要归功于南水的进京。截至 9 月 6 日，南水北调中线北京段惠南庄入境水量达 5.09 亿立方米，首次突破 5 亿立方米。这 5 亿多立方米的水，72%

被"喝"掉，还有大宁、怀柔水库"存"水占10%，剩余18%来水量用于回补地下水。

"南水北调作用是很显著的。"贾绍凤强调，但不是说南水北调的水直接灌到了地下，而是南水北调水替代了地下水作为供水水源，减少了地下水开采，因而间接地促进了地下水位的回升。"补给地下水的第一来源仍是自然降水。"

黄岁樑表示："南水北调不会直接补给地下水，这是很早以前就讨论过的，成本太高了。北京地下水上升可能和'超采'下降有关系。"

连年的超采造成地下水位迅速下降，截至2014年1月底，北京市平原区地下水平均埋深24.5米，与上年同期相比，地下水位下降0.3米，地下水储量减少1.5亿立方米；与超采前的1998年同期相比，地下水位下降12.83米，地下水储量减少65亿立方米。此外，北京地下已经形成面积约1000平方公里的地下水降落漏斗区。

截至今年7月底，朝阳、丰台等地区共关停84眼自备井，每天置换地下水量达3.3万立方米。

何以解"渴"

从水资源的承载能力来说，京津地区都是极度缺水之地。据了解，两地平均每年每人可供应的水资源仅180立方米左右，是全国标准的1/10，是世界水平的1/36。

"我们的水价并没有体现出水资源的稀缺性。"贾绍凤指出，未来应该调整产业结构，并大幅提高水价，让那些耗水大户的企业不能随便进来。

南开大学环境科学与工程学院教授黄津辉同样认为，用水过度和工业发展布局有关。"国家在不同发展阶段，考虑问题的优先级是不一样的，就目前而言，应该把水资源放在首位了。"

"中国的水资源利用率并不高，主要表现在工业用水方面。"黄津辉指出，同样是产生1元的GDP，我们的水成本是要远高于欧美和日本的。

那么，提高水价是否为解决问题的良策呢？

在黄津辉看来，提高水价并不是全部。"重要的是水务部门提高水价之后，钱是如何分配的，是否会用到节水技术的开发上。"

此外，"海绵城市"的建设也被反复呼吁。"要通过改进城市设计来存住更多的水，增加人行道和绿地，争取更多的降水不被浪费。"黄岁樑说。

"水的问题十分触目惊心，它跟空气一样是无法替代的。"黄津辉认为，由于涉及的方面很多，治理水的代价可能比治理空气更大。

这个选题抓得及时，又是科学质疑，有新闻点和专业性。同时，稿件行文干净流畅，层次分明，是一篇很好的报道。

如果要"挑骨头"的话，就是标题"结论引争议"稍显平，但这是该报一贯的风格，平实严谨，接受不了"北京地下水位回升 南水北调是首功？"这样太都市的标题。建议可以把北京市水务局水资源处处长戴育华所谓的"北京7月地下水位首次回升，最大的功臣是南水北调"以及贾绍凤"夏季水位一般都上升""补给地下水第一来源仍是自然降水"的对立观点，直接引语摘录出来作为提要，能对标题做一些说明。

但这样处理后，在版面视觉上，倒头条太厚会对头条有冲击，可以再在小标题上做一些处理。

2015年10月23日《中国科学报》（周末版）第一版《公共Wi-Fi难以割舍的威胁》

公共Wi-Fi难以割舍的威胁

■本报记者 袁一雪

人类曾无数次想象机器人控制地球的场景，血腥地屠杀、肆意地破坏，电影《终结者》是将这个想象持续最久的影片之一。自上世纪80年代，编剧设想在公元2029年地球由电脑"天网"统治，人类通过抗争终于留下了"革命"的火种开始，《终结者》系列就一直是人类抗击未来机器人的主题。在今年上映的《终结者5》中，天网终于拥有独立意识，但对于人类的恶意依旧，人类抗击天网之路也依然继续……

机器人的高智能，一来是机械机密性提高，二来则是互联网的普及。虽然这些恐怖的威胁目前依然只是人类的想象，但是随着科技的发展，互联网会进化得更高级，人类的工作生活也越来越依赖网络，这从如今大力发展的公共 Wi-Fi 就可窥一斑。

然而，伴随这一切的是生活的便捷还是另一种威胁？

便捷且危险的 Wi-Fi

今年 3 月 16 日，360 手机安全中心发布了"2015 中国 Wi-Fi 安全绿皮书"，其中数据显示，家用 Wi-Fi 中约有 3.3%的 Wi-Fi 密码使用低级加密方式，也就是说，目前我国有超过 400 万家用 Wi-Fi 密码设置不安全，平均每天有约 3.06%的 Wi-Fi 会遭遇 DNS（Domain Name System，域名系统）劫持攻击，4.97%的 Wi-Fi 会遭遇 ARP（Address Resolution Protocol，地址解析协议）攻击。用户一旦使用被篡改的恶意 DNS，可能被劫持至钓鱼网站，最终导致通过登录网页，账号密码等个人隐私信息被盗。"ARP 攻击带来的后果是在连入同一局域网内的流量都会被监听，那么用户使用该网络做的事情，比如刚上传的照片，不久前的聊天内容甚至输入的口令都会暴露在攻击者的眼皮底下。"华南师范大学计算机学院教授赵淦森向《中国科学报》记者解释说。

其实在去年，瑞星公司就曾经连续发布两份针对 Wi-Fi 安全的报告，指出一旦攻击者进入免费 Wi-Fi 后，会对网络中的其他用户进行嗅探，并截取网络中传输的数据，进而通过专业软件截获各种用户名、密码、上网记录、设备信息、聊天记录及邮件内容等。

今年 6 月 1 日，在四川省第二届国家网络安全宣传周启动仪式中，四川大学教授、网络信息安全专家陈兴蜀作了网络安全形势报告，并通过一套监控系统现场演示了如何使用免费的公共 Wi-Fi 非法获取连入该 Wi-Fi 用户的信息。她同时提醒，使用公共场所的免费 Wi-Fi 上网要谨慎，不法分子可能会借机盗取信息。

而在刚刚过去的"纪念中国人民抗日战争暨世界反法西斯胜利 70 周年"的阅兵式期间，北京长安街周边的公共场所开设的 Wi-Fi 也要求关闭。当然，这其中涉及一部分无线电管理的原因，不过中国科学院软件研究所副研究员连一峰表示："这也是为安全考虑，如果有人伪造假冒的 Wi-Fi 站点，虽然看起来是官方的名字，实际由违法基站发出，那么如果接入进去就会有危险。"

伪造热点 Wi-Fi，也是赵淦森提到的安全威胁之一，"这里的安全威胁主要利用的是移动终端会尝试自动连接过去曾经连接过的 Wi-Fi"。比如用户过去曾经连接过"CMCC"的无线热点，这个热点是不需要密码的，那么攻击者伪造一个以"CMCC"命名的 Wi-Fi，而用户一直开启手机的 Wi-Fi 功能的话，那么就会无意中连入一个钓鱼 Wi-Fi，用户的所有网络操作都在攻击者的掌控之中。

智慧城市离不开无线网

由此可见，公共 Wi-Fi 到底带来的是便捷还是危险，值得商榷。然而，在当今社会无线网络的发展已经是大势所趋。

在去年出台的广东省发展规划文件《宽带广东发展规划（2014—2020年）》中，明确提到了为深入贯彻落实《国务院关于印发"宽带中国"战略及实施方案的通知》，要加快推进广东省宽带网络发展，提升信息化水平，因此在推进网络基础设施建设中指出要加快推进无线宽带城市群的建设，其中就包括实现无线局域网在珠三角重要区域和公共场所的全覆盖，全面提高热点区域大流量移动数据业务承载能力等的指导意见。"从上面可以看出 Wi-Fi 信号的建设对于一个城市的整体规划建设是十分重要的。Wi-Fi 的建设不仅仅是为用户带来便捷，依托无线网络的发展建设，还能带动相关的技术和产业的发展，例如面向教育、医疗、交通、公共安全等领域的技术研发。"赵淦森解释道。

无独有偶，在深圳"十二五"规划中，加快建设"智慧深圳"也被专列一章，提出重点在学校、公共图书馆、交通枢纽等公共场所部署无线热点，为市民提供免费无线宽带接入服务。

除了政府下辖的公共场所为公众开放了 Wi-Fi 信号，很多商家也纷纷开设了自己的 Wi-Fi。"这样更方便用户使用,人们只需选择信号最好的 Wi-Fi 即可。"连一峰表示。

"从商家的角度来说,商店拥有自己的 Wi-Fi 相对公共 Wi-Fi 来说会更加可控。"赵淦森表示。这里的可控体现在,当一些大型购物场所或餐厅有自己业务的自主化需求时,可以在自家的 Wi-Fi 登录中设定推广首页,而且,商家建设自有的 Wi-Fi 有利于商家开展自主的基于网络的商业营销等。这在知识爆炸、信息满天飞的今天,还有什么能比商家的 Wi-Fi 更能让广告如此低成本、便捷地占领个人手机和其他移动端呢?

让人欢喜让人愁

然而,随之而来的问题是,商家的 Wi-Fi 是否安全?专家认为,设定 Wi-Fi 的商家是否具有一定的安全意识,这决定了人们接入 Wi-Fi 后如何保证移动终端私人信息的安全。"当一些公共 Wi-Fi 尚未建设完善达到一定的安全高度,而商家具有一定的网络安全意识,他可以根据实际需求,制定一些 Wi-Fi 的安全策略,如设置 ARP 防火墙等。那些没有密码的 Wi-Fi 相对有密码的 Wi-Fi 而言,确实要危险得多。"赵淦森表示。

对于窃取信息者而言,有密码的 Wi-Fi 相当于为攻击者多设置了一层屏障,在 ARP 攻击时,需要攻击者连接到同一网络中才能实施,若 Wi-Fi 设置有密码,那么攻击者在不知道 Wi-Fi 密码的情况下还需要对 Wi-Fi 进行密码破解。"另外还有一种情况,针对一些安全意识比较低的用户,这类用户在寻找 Wi-Fi 时,当发现一个 Wi-Fi 不需要密码便可使用时,往往会不假思索使用这个无密码的 Wi-Fi,而攻击者往往会利用无密码的 Wi-Fi 进行钓鱼,窃取用户的账户密码等隐私信息。"赵淦森进一步说明。

"所以,在使用公共 Wi-Fi 时最好只进行比较简单的操作,比如看看新闻。尽量不要访问需要输入口令的或者含有敏感信息的网站和应用,比如邮箱、支付宝、微信、QQ 等即时通信 App 等,一旦站点有问题就很危险。"连一峰说。更需要注意的是,尽管手机终端不断升级,软件版本不断提升,但是手机系统软件本身也存在漏洞,被连入未知公共 Wi-Fi 的终端,很容易被黑客攻入。同时,连一峰也表示:"如果手机有漏洞,或者感染病毒,即便不通过 Wi-Fi，只通过手机信号信息也会泄露。"

资料链接

如何安全使用公共 Wi-Fi

使用公共 Wi-Fi 要随时保持警惕：

1. 不要在公共 Wi-Fi 中使用支付宝、网银等支付类应用，尽量避免输入个人账号密码等操作，防止个人的隐私信息泄露；

2. 不要登录没有密码的 Wi-Fi，在接入 Wi-Fi 前尽量确认是可信来源；

3. 不需要使用 Wi-Fi 时，关闭 Wi-Fi 功能，避免自动接入 Wi-Fi，引发不必要的安全隐患；

4. 可以使用安全类应用辅助确认 Wi-Fi 是否可信；

5. 就算是私人 Wi-Fi，也不能掉以轻心。例如 TP-Link 路由器就曾经爆出过有后门漏洞，带来的后果是攻击者可以以最高权限控制该路由器。另外如果用户还是用安全性较低的 WEP 加密方式，那么攻击者抓取足够多的包就可以破解 Wi-Fi 了，进而与用户连入同一网络。就算是使用安全性较高的 WPA/WPA2 协议，但是如果同时开启了 WPS，那么攻击者也是可以破解 Wi-Fi 的。所以私人 Wi-Fi 相对公共 Wi-Fi 会更加可控，不排除会被黑客攻击。

这篇报道中讲述的公共环境 Wi-Fi 确实是当今信息安全领域的一个突出问题，较之于机构、国家层面的信息安全虽然没有那么"严峻"，但却正在成为社会安全问题的一个新焦点。这种难题技术领域有没有破解的办法？还是有技术保障，但无法一劳永逸？或者，像其他通信信息领域的问题一样，技术层面不难解决，关键在于政府资源的投入？报道以一种开放式的讨论进行了阐述。但由于缺乏具体案例的支撑，在选题如何落地方面考虑不足，所以总让人难以留下深刻印象。同时，报道由机器智能化切入探讨公共 Wi-Fi 的问题，显得有些牵强。

2015年11月3日《中国科学报》(技术经济周刊)第五版

虚拟现实：不只是一场"游戏"一场"梦"

■本报记者　李勤

佩戴上虚拟现实的头盔，坐在配套的前后摇摆的转椅上，选定游乐园"摇摆大摆钟"模式后，眼前呈现的是极为真实的高空图像，甚至有强烈的失重感。日前，记者在2015网易未来科技峰会上与某品牌的虚拟现实头盔产品来了一次亲密接触。另一位参与体验的女生甚至惊叫连连，忙不迭"逃"下来。

据市场研究公司Juniper Research预测，2020年之前，市场上硬件厂商的虚拟现实设备销量将达到3000万台，产生逾40亿美元的销售额。其发布的报告还称，2016年将是虚拟现实设备发展的元年。

但是，在这个"元年"或许将要到来之时，许多人还并不十分了解虚拟现实技术真实的发展情况，一些人的观念仅局限在"魔镜""头盔""眼镜"等游戏或影音产品上。

事实上，虚拟现实在现代科技领域中的应用不止于此。

当虚幻成为"现实"

大连有一个老火车站，由于地理位置不佳，当地政府想将其"搬"到新址，并重建一个一模一样的火车站，可是勘探设计人员花了半年时间也没能完成所有的测量工作。

"而通过照相、扫描、点匀，把火车站的图形扫描下来还原成三维图像，只需要3个小时。"奥地利VRVIS虚拟现实可视计算研究中心大中国区首席代表、维尔科宝科技有限公司总裁刘中一曾在虚拟增强现实沙龙上说。

在另一场虚拟现实、增强现实、可视计算应用国际研讨会上，奥地利高新技术研究中心大中国区首席代表司良信则指出：计算机实时3D图形仿真及虚拟现实行业的核心技术在3D建模，关键技术是人机交互，而未来技术的切入点应基于大数据分析处理的智能化，产业应用上的侧重点将集中在漫游式全景展示、真实化交互展示、网络及移动终端展示等方面。

他还预测，虚拟现实未来的研发领域将逐步扩充为可视计算技术的创新应用，特别是与物联网技术一同在各行业领域的创新应用。

例如，虚拟现实可视计算技术在"互联网+"、智慧中国、大数据、灾害及应急决策管理系统虚拟仿真技术、城市规划、交通管理及公路、铁路规划上展现重要作用，而地理信息数据图像处理及其三维仿真技术、物体三维重构技术在未来3D互联网上将大有可为。

未来，还可开展三维可视、人机交互虚拟现实、增强现实等技术在航天装备产品设计、分析、制造、试验、运维等工程应用的关键技术研发，利用虚拟现实技术打造中国制造2025支撑技术平台，开展虚拟制造系统、虚拟车间和虚拟工厂的技术研发，开发三维可视、复杂大数据可视化的专业分析、合成、管理等工具或软件平台以及基于云服务平台、移动终端应用等关键技术。

上述这些看似十分"虚幻"的前景实际并非遥不可及，而是已经"触手可及"。

以防灾应用为例，2013年，距离维也纳40公里处的地区洪水灾情严重，但是因防洪墙有效可靠，洪水并没有给城市造成太大损失。后来，科学家利用虚拟现实和可视计算技术，建造了3D城市图像平台，设置不同的情境，模拟洪水以不同流速涌进城市，分析在哪些地区、设置何种高度的防洪墙可有效遏制洪水来袭，并可做到提前预警，疏散人群。

你所不知道的工业应用

面对工业应用，虚拟现实技术也展开了"怀抱"。

基于虚拟现实与增强现实技术开展的工业领域的数字展示服务，能够贯穿于整个生产制造环节，包括初期的市场研究、造型开发、工程开发以及市场开发阶段。

造型开发阶段是虚拟现实主要的应用阶段之一，可以进行产品造型评审、产品造型多方案评估、产品配色方案等。在市场开发阶段，虚拟现实及相关技术主要用于产品投产前数字化产品的市场推广。

宜家早在2013年就推出了增强现实App，只要把产品手册放在想要摆放家具的位置，通过App扫描，就可以看到这件家具摆在自己家的样子。

北京银景科技有限公司则是一家专注虚拟现实、增强现实应用开发与系统继承的硬软件提供商。其业务人员曾介绍过，四大类型的企业已经采用了上述两大技术平台实现工业应用，如汽车类企业，东风、一汽、上汽、长安、上海通用、上海大众等；钢铁企业；飞机设计研究院以及一些科研院、军工单位等。

例如，青岛四方机车车辆股份有限公司技术中心就采用了相关系统，可实现主动立体成像技术，能让人们获得身临其境的感受。

对汽车制造商而言，从市场调研到一辆车真正试装，须耗费两到三年时间，其中很大一部分时间花在汽车试制阶段。原始模型设计出来后，进行原件设计制造，然后进行试制装配。装配中发现问题后还要再返回设计部门进行设计修改。

这个过程多次反复、周期很长，会遇到一些问题。比如，零件交给不同的部门制作，不能保证到达时间一致。某个零件出现问题，这个零件需要重新设计，重新制作样机。如果是比较复杂的模型，零件调换可能需要一个月的时间。

"利用虚拟现实与增强现实技术可在半成品车上叠加图像，做到虚实测量，通过测量设计的产品与实际样车之间的关系，极大缩减了研发时间，减少了物理样机制作次数，降低了成本。"上述业务人员介绍。

回暖的市场

虚拟现实在沉寂了20年后，其热浪又再次袭来。

"从去年开始，全世界在虚拟现实、可视计算方面突然火暴起来。"刘中一对如今虚拟现实市场的火热程度有着切身感受。

有人将其归因于微软、谷歌等巨头在虚拟现实技术上的大力投入，有人则认为这是互联网时代数据化、虚拟化的必然结果。不管原因为何，虚拟现实的火暴时代正在走来。一个显著的标志是，不断有创业者加入这场"游戏"。

超凡视幻是今年 3 月份刚成立的一家专注虚拟现实内容制作的公司，在 MDCC2015 移动开发者大会间隙，超凡视幻 CTO 朱昱地告诉《中国科学报》记者："不只是中国，甚至可以说是全球，虚拟现实内容都极其稀缺，需要特别多的内容填补。哪怕现在已经比较成熟的游戏市场，也还会有越来越多的人加入虚拟现实内容制作中来。"

"到明年，大朋 VR、Oculus、Sony 等全球几大厂商都会推出消费级别的产品，整个行业将进入暴发期，大朋 VR 目前的游戏、影视内容平台上的作品已经非常丰富，我们为即将到来的爆发期做好了准备。"大朋 VR 创始人兼 CEO 陈朝阳对《中国科学报》记者表示。

这家同时注重虚拟现实硬件与内容的企业的野心不止于此，"致力于打造虚拟现实生态圈，在内容上并不会局限于某个领域"是陈朝阳给出的答案。大朋 VR 为了培育更多优质内容，还在 9 月份举办了国内首届百万招募 VR 人的游戏大赛。

"只有行业变大、变强，在行业中生存的企业才会更大、更强，我们帮大家，就是帮自己。"陈朝阳说。朱昱地也给出了类似的回答："欢迎越来越多的巨头加入其中，哪怕要收购也没有关系，这样才能推动虚拟现实进一步发展。"

资料链接

虚拟现实与增强现实

虚拟现实技术（VR）是一种可以创建和体验虚拟世界的计算机仿真系统。它利用计算机生成一种模拟环境，是一种多源信息融合的交互式的三维动态视景和实体行为的系统仿真，使用户沉浸到该环境中。

虚拟现实技术主要包括模拟环境、感知、自然技能和传感设计等方面。

模拟环境是由计算机生成的、实时动态的三维立体逼真图像。感知是指理想的 VR 应该具有一切人所具有的感知。除计算机图形技术所生成的视觉感知外，还有听觉、触觉、力觉、运动等感知，甚至还包括嗅觉和味觉等，也称为多感知。

增强现实（AR）是一种将真实世界信息和虚拟世界信息"无缝"集成的新技术，是把原本在现实世界的一定时间、空间范围内很难体验到的实体信息（视觉信息、声音、味道、触觉等），通过电脑等科学技术，模拟仿真后再叠加，将虚拟的信息应用到真实世界，被人类感官所感知，从而达到超越现实的感官体验。真实的环境和虚拟的物体实时地叠加到了同一个画面或空间同时存在。（李勤整理）

这篇报道的标题醒目，有让读者继续阅读下去的欲望。具体介绍了"虚拟现实"技术目前火热的发展趋势、众多领域的应用空间等，具备一定的可读性和新闻性，也从科普的角度阐释了"虚拟现实"的概念。

从整体上看，稿件中穿插了很多案例，如"大连老火车站通过虚拟现实技术完成异地重建测量工作"等，既可以将比较晦涩的"虚拟现实"概念讲明白，又体现了其技术发展的市场需求所在，值得肯定。

不过稿件的分量似乎轻了一些。作为周刊头版头条的文章，在话题的广度上够了，但在深度上似乎还不够，内容偏浅，对这个产业的发展缺少宏观和微观两方面的分析。

另外，如果能突出一些分析我国核心技术研发、产业链上下游辐射带动情况的内容，可能会让稿件的分量更重一些。

2016 年 1 月 4 日《中国科学报》第一版（图 8-2）

2016 年 1 月 4 日的《中国科学报》主报是 2016 年的第一期报纸。所谓新年新气象，略感遗憾的是，虽然稿件质量延续了以往的水准，但是除了报头、报眉，没有从内容的组织和编辑上看出新的变化来。

图 8-2 《中国科学报》2016 年 1 月 4 日第一版

2016年6月6日《中国科学报》第一版（图8-3）

2016年6月6日《中国科学报》第一版的头条是两篇主办单位的重要活动消息，写得中规中矩，但是乏善可陈。

"科观中国"栏目《走向全面创新时代》这篇评论是应景之作。作者应该是专业研究科技政策的科研人员，文章梳理了"创新"在我国政策导向中逐渐走高的过程，并将其和当前的经济新常态联系起来。笔者其实在文中已经提到了科技创新和供给侧结构性改革之间的关系，但是并没有专门点明。作为读者，这是一个疑惑，也许编辑可以和作者做进一步地沟通，完善这篇文章的论述过程。

下方《科学家发现导致细胞衰老的驱动力》这篇有关细胞衰老的科研进展消息其实有机会写成更加有趣的文风，或者采取故事性的写法，效果会更好。

2016年9月6日《中国科学报》（技术经济周刊）第五版《建材环保检测的新变革》

建材环保检测的新变革

■本报记者　王超

9月4~5日，二十国集团领导人峰会（G20峰会）在杭州举行。这是中国担任G20轮值主席国期间，第一次由非西方大国主持召开的国际经济合作的主要论坛，具有里程碑式的意义。在世界经济复苏乏力的背景下，G20杭州峰会的成功召开，体现了中国参与全球治理的责任与担当。值此盛会，向世界展示中国，为来华参会的各国政要提供健康环保的室内环境成为峰会保障工作的重要一环。

源头控制、全程监督

"我们承担了G20杭州峰会的会场装修环保控制任务，制定了一套系统的环保控制方案，实现了峰会主会场新装修后'无苯、超低甲醛、超低TVOC（总挥发性有机化合物）、无其他各类有害物质和异味'的高环境质量。"G20室内环保控制总负责人、中国建材检验认证集团（以下简称CTC）总工程师梅一飞教授对《中国科学报》记者说。

图 8-3 《中国科学报》2016年6月6日第一版

在 G20 峰会主场馆装修室内环境保障工作中，CTC 秉承"源头控制、全程监督，构建健康室内环境"的服务理念，将标准制定、材料环保评估、生产工艺优化及控制、生产监督、施工监督、空气监测和环保问题处理集成在一起，做到"环保控制有依据、生产过程可控制、施工过程有保障、环保隐患可排查、环保问题可处理"。

我国的建材环保检测起步较晚，最早也只能追溯到 2001 年。当年国家组织各方力量制订并发布实施 GB 18580—2001 等 10 项装饰装修材料强制性国家标准，以此为开端，建筑材料环保检测进入了大发展时代。CTC 作为国内建材产品的综合性检测机构，第一个获得国家认监委的环保检测授权，开始踏入了室内建筑材料环保检测的征程。

"2008 年的北京奥运会，应该是我们树立行业权威的一年。在奥运筹办初期，我们做了大量的基础性实验，汇总了国内外建材的相关背景资料，并成为政府唯一中标的建材检测机构，完成了场馆建设的室内用材招标和工程用材检测工作。这项工作不仅得到了北京奥组委、2008 工程建设指挥部办公室的认可，并被指定参编《奥运工程环保指南——绿色建材》，并最终获得了'北京奥运会残奥会环境质量保障特别贡献奖'荣誉称号。奥运场馆的成功案例为我们全面服务国家重大工程奠定了坚实的基础。"CTC 总经理马振珠作为一名资深的室内环境质量控制专家，从一开始就深知检测机构服务国家重大工程的重要意义。

2002~2011 年，CTC 基于前期理论积累、检测实践和北京奥运工程环保控制的宝贵经验，开展了《装饰装修材料有害物质检测系统的研发和应用》项目。依托该项目，CTC 建立了可以进行全项检测的现代化实验室，主持修订了多项相关国家标准，制备了多种有害物质标准样品，研发出了智能水分测定仪和有害物质降解实验舱，撰写了《装饰装修材料种有害物质检测技术》，并研发了当时达到国内先进水平的实验室信息管理系统（LIMS 系统），用以保障装饰装修材料中有害物质检测工作的顺利开展。最终项目成果获得了省部级科技进步奖二等奖。

类似的案例不胜枚举。2014 年北京 APEC 会议关键场馆环保控制工作、

2015年杭州奥体中心改造工作，CTC的室内建材环保源头控制体系经受住了一次又一次的严苛考验，并获得2014年度亚太经合组织会议·北京市筹备工作领导小组"特别贡献"奖等一系列奖项。

"高质量"谁说了算

在不同的国家和地区，室内空气质量的要求可能会有较大的差异。这不但要考虑当地大气质量和装修用材环保水平现状，还要体现在标准制定时间，当地能达到的较好水平。比如，我国目前的室内空气质量标准（GB/T 18883—2002）规定，室内空气中甲醛浓度的限量值为0.10mg/m^3，总挥发性有机化合物（TVOC）浓度的限量值为0.60 mg/m^3，而美国部分地区的相应浓度要求则仅为我国的1/5和1/3。

CTC第一检验认证院化学检验认证室主任郭中宝在接受《中国科学报》记者采访时表示，如果室内空气质量满足我国目前的国家标准，只能说明室内空气质量达到了国家规定的基本要求。随着材料生产技术和污染物检测技术的不断进步，室内空气质量标准中的检测项目和污染物限量指标都会不断进行优化，向着更高的环保水平迈进。

经过多年努力，我国室内装饰装修导致的室内空气质量问题虽已得到改善，但室内材料和物品环保检测的发展进入了一个明显的滞涨期，新方法、新指标的发展明显滞后于各种新型建筑材料的发展。这使得诸如"装修用材都符合国家标准，但装修后最终室内空气质量不能满足国家标准要求""装修后室内空气质量满足国家标准要求，但人感觉仍有异味，引起感官不适"等问题依然存在，尤其在重大工程和高端装修过程中尤为突出。

"对于这些现象，从业人员往往给出'叠加污染''有味不代表有害'等解释，但仔细分析，这些解释给人的感觉更多的是'无奈'，它彰显出的是检测方法的不科学和控制指标的不合理。"郭中宝坦言。

据介绍，我国现有的装修用材环保检测标准体系大多是对材料中污染物的总量进行控制，不能结合材料的用量特点、干燥特点和污染物衰减特点反映材料在实际使用环境中的释放量水平。此外，现行的标准体系不对材料进行气味的控制，由于各种化合物的气味阈值差异很大，这就造成有的化合物即使浓度很低,但也会有较大的气味,而有的化合物即使浓度很高,气味可能也不明显。

"即使材料污染物总量合格了,其使用后也可能有较高的污染物释放,造成空气质量不合格;而空气质量达标与否,则跟是否有气味没有直接关系。而解决这个问题,则需要开展检测方法和指标控制体系等方面的深入研究,采用污染物总量控制的同时,考虑其对人体健康和对大环境的影响,并最终与空气质量建立关联。"郭中宝说。

移植民用或可期

对于公众而言,何时能够用上放心的家装建材,用价格亲民的检测服务给自己吃颗定心丸则是人们最关心的问题。

2016年8月,由梅一飞牵头的"十三五"国家重点研发计划项目《建筑室内材料和物品VOCs、SVOCs污染源散发机理及控制技术》立项。该项目将对室内材料和物品VOCs、SVOCs散发机理、散发特性检测技术及装置、污染物限值和检测相关标准开展深入研究,降低环保控制的成本,优化环保控制的流程,实现平民化应用。

具体而言,需要从新的检测和评估方法体系、环保指标控制体系、室内材料和物品污染物散发特征数据库、室内材料和物品污染物散发标识体系、现场快速检验装备和方法体系的建立这5个方面来推进。

拿建立"新的检测和评估方法体系"来说,针对各种装修用材,项目将建立基于"环境舱法"的污染物释放量测试方法和气味评价方法,利用环境舱模拟居室环境,推动现行检测方法体系的变革。通过构建室内空气质量评估模型,立足于各种材料的污染物释放量和气味等级,结合材料的用量、使用部位和环境条件,实现装修后室内环境的可预测。

此外,研制装修用材现场快速检验设备,实现材料表面散发污染物的现场快速检测,可以大大提高检验效率、降低检验成本;而建立污染物散发标识体系,由专业机构完成大众装修建材在生产和流通过程的监督,可以保障其环保质量,使消费者明明白白选材,安安心心装修,而这对于公众的意义也最大。

梅一飞表示,随着检测技术水平的不断进步和环保材料的快速发展,针对建材环保检测的一场新的变革蓄势待发，希望通过这场变革，我们能为"健康中国"规划的实现贡献一份力量，也希望普通百姓不用再受室内装修污染的困扰，真正实现装修选材的可设计和装修后空气质量的可预测。

"'国家发展、质量先行；质量保障、科技先行。'作为国内建材及建工领域规模最大的综合型第三方检验、认证和评价机构，我们构建的环保全套解决方案，将为国家建设、行业可持续健康发展和公众安居保驾护航，这是我们'国家队'一如既往的社会责任。"马振珠说。

这篇报道的写法相对简单，从导语部分就能看出来，比较像宣传稿。如果作为一篇宣传稿，大标题还是合适的，没有过分突出客户单位的身份，而是从所在领域进行了概括。

从文章的内容来看，资料整理的痕迹比较严重，也穿插了一些采访内容，表述很直接。但是如果从精益求精的角度来看，这样的报道还有很大的提升空间。

2016年9月21日《中国科学报》（农业周刊）第五版《盐碱地改良的悖论》

盐碱地改良的悖论

■本报记者　秦志伟

在新疆，不同程度盐碱危害的耕地面积约占总耕地面积的1/3；在黑龙江，盐碱地面积以每年30万亩的速度逐年增加；在甘肃，因土地盐渍化损失的粮食每年超过1亿公斤。近日，《中国科学报》记者在上述地区调研后切实地感受到，盐碱地对农业发展以及粮食安全的重要影响。

让13亿人的饭碗牢牢端在自己手里，离不开国内粮食的有效供给。当前，在常规耕地生产力水平进一步提升面临瓶颈的情况下，增加耕地面积成了增加粮食总量的主要途径，而其中的盐碱耕地被寄予厚望。

据统计，我国有近15亿亩盐碱地，占世界盐碱地的1/10，主要分布在西北、华北、东北等地。其中，有2亿亩盐碱地被认为具有农业利用潜力。

然而，在当前粮食连年增产的情况下，改良盐碱地并没有受到足够重视。

"有的地方仓库的粮食都装不下了,让政府支持盐碱地改良是很困难的。"东北林业大学园林学院副院长、盐碱地生物资源环境研究中心主任柳参奎教授向《中国科学报》记者介绍,应该从长远角度出发,将其纳入国家粮食安全战略体系。

一面是国家对盐碱地寄予厚望,一面是现实中对盐碱地转化为耕地的需求并不旺盛。盐碱地陷入了改良悖论之中。

盐碱地是畜牧业原料必要基地

站在新疆库尔勒市尉犁县兴平乡东干渠的大片盐碱地上,清华大学北京市盐碱及荒漠化地区生态修复与固碳工程技术中心副教授王淑娟向《中国科学报》记者介绍,盐碱土是盐土和碱土的统称,是指含盐量在0.2%以上、碱化度在20%以上的土地,也称为盐渍土。

盐碱土的形成是多种因素作用下的一个复杂过程,但人们在长期的盐碱地治理过程中发现和总结了盐碱土中水盐运行的规律,即"盐随水来,盐随水去;水去汽散,汽散盐存"。受地形、气候、生物因素、地下水位、河流、海水和人为活动等因素的影响,不同区域盐碱土的成因又有所不同。

据介绍,我国是盐碱化危害最严重的国家,约有9913万公顷,尤其是西北地区的甘肃、宁夏、新疆等地都受到不同程度盐碱化危害。

以甘肃省为例。据统计,目前甘肃省土壤盐碱地面积接近4500亩,受不合理灌溉所致,土壤盐碱化面积逐年扩大,已造成该区域土地生产能力减退,盐碱地区粮食产量大幅度降低,不足当地产量的60%。

与此同时,随着盐碱化程度的加剧,伴生的土壤沙化和荒漠化等生态问题也日益突出,农业生态环境急剧恶化,已成为限制甘肃省农业可持续发展的重要影响因素。

甘肃省的土地盐碱化情况更像是全国的缩影。随着人口增长、土地退化、土地资源紧张等问题的出现,开发利用盐碱地被认为不但可以增加粮食产量,还可以改善生态环境,提高人们的生活质量。

"盐碱地是畜牧业原料必要基地,也是生态系统重要载体,更是未来粮食增量的主要来源。"柳参奎在写给国务院总理李克强的信中说道。

柳叁奎向记者解释道，国家粮食消费结构主要由两部分构成，一是直接消费，二是间接消费。人口增长因素使粮食的直接消费刚性增加；畜产品规模扩大、工业原料消耗量增加，将导致粮食间接消费量增加趋势严峻，目前我国饲料用粮已经成为粮食用途中主要部分。

毋庸置疑，耕地是粮食生产的载体，是国家粮食安全的根本保障。"把盐碱地定义为后备耕地资源，即耕地战略储备资源，也许是我们为子孙万代做出的战略选择。"柳叁奎说。

粮食连年增产下的盐碱地改良

盐碱地作为一种重要的土地资源，其土质改良是当今世界研究的重点和热点，也是我国耕地后备资源开发与粮食增产潜在保障的基础。

在接受《中国科学报》记者采访时，黑龙江省北方盐碱地开发利用研究所研究员王君表示，无论从改善环境和增加耕地，还是增加粮食产量角度，改良盐碱地都是必要的。

上世纪 80 年代，我国科技工作者为黄淮海地区盐碱地治理付出长期艰苦的代价，并为黄淮海平原大面积增产丰收做出了巨大的贡献，这场农业科技领域的"黄淮海战役"引发社会的广泛关注。

在中科院院士李振声看来，这是一场规模宏大的农业大生产运动。据介绍，这场"战役"分前后两期，历时 6 年，将我国的粮食产量从 8000 亿斤提高到 9000 亿斤，在增产的 1000 亿斤粮食中黄淮海地区贡献了 504.8 亿斤，为我国粮食生产与消费保持供需平衡和保障国民经济快速发展做出了重大贡献。

而这一背景是，自 1984 年开始，我国粮食产量连续四年徘徊不前，十几亿人的吃饭问题是首要问题。

当前，我国粮食产量持续增长。国家统计局数据显示，2015 年中国粮食总产量为 62143.5 万吨，比 2014 年增加 1440.8 万吨，增长 2.4%。2004 年至 2015 年，中国粮食生产实现"十二连增"。

在这种情况下，改良盐碱地的意义有多大？据柳叁奎调研了解到，如东北的很多仓库都无法满足粮食的不断增加，让地方政府大力支持盐碱地治理的可能性不大。

但由于盐碱地治理具有明显的公益性质，在初期获取经济利益的空间较小的特点,柳夅奎建议,把盐碱地等劣质土地资源纳入国家统一规划管理。

记者在采访中了解到,国家发改委、国土资源部、农业部、财政部、林业局等也高度重视盐碱地治理利用、政策研究以及技术创新等工作。

例如,近年来国土资源部依据土地利用总体规划和《全国土地整治规划(2011—2015年)》等相关规划,大力推进农村土地整治,对东北、西北干旱、半干旱等盐碱地资源主要分布地区,运用开挖明沟排盐碱等传统技术进行整治。

但柳夅奎认为国家重视还不是很够。"挖掘粮食生产潜能立足长远,居安思危意义重大。"柳夅奎表示,从应对未来20年、50年,甚至100年后的粮食问题的角度,应考虑把对盐碱地土地资源的管理、规划纳入国家粮食安全战略体系。

须从长远考虑应用前景

目前对盐碱地的认识,基本停留在生态环境改善,促进草业、畜牧业发展的目标阶段,还没有上升到向后备耕地、国家粮食安全战略目标的转变。柳夅奎表示,后续提升工作亟待筹备。

事实上,目前国家有多个部门涉及盐碱地治理工作,如土地整理、环境修复、生态保护、植被恢复、草业生产、困难地造林等,但盐碱地工作对各部门都不是主要业务,且目标、角度不一。

与此同时,记者通过长期跟踪盐碱地治理技术也了解到,目前国内有非常多的盐碱地改良技术,如中科院、中国农业大学、清华大学、广西农科院等的盐碱地改良技术,就目前实验来看,效果都比较好。

然而在王君看来,现在很多研究机构都在做盐碱地开发改良的相关产品,也有一些不同的技术路线,但都是单打独斗,"希望在盐碱地治理方面有一个综合型的开放的实验平台,这样就可以有一个技术方面的综合和整合"。

而中国社科院农村发展研究所研究员党国英更关心,盐碱地改良是否做到因地制宜。他向记者表示,在山东、江苏等靠近沿海的地区,农业的综合条件比较好,治理盐碱地应该是有必要的,但是有些适合恢复洼地、湿地湖面的地方,就没必要改良(成耕地)了。

中国农业大学土壤学教授黄元仿曾在接受《中国科学报》记者采访时表

示，从区域生态学角度说，应该留有一片不开发的盐碱地，否则那些流出来的盐该去哪儿呢？

此外，关于盐碱地利用上，也存在直接复垦的做法，这种现状一方面反映了国家对耕地的迫切需求；另一方面也暴露了盐碱地资源利用的盲目性，可能带来投资过大、效果不佳的后果。

柳叁奎告诉记者，盐碱地的利用应立足长远战略、科学规划、本着"先养护抚育、后复垦利用的原则"，建立向耕地定向培育的技术与政策体系。

"盐碱地开发利用是我国未来几年应该有所突破的一个大产业。"王君表示，它关系到生物能源产业、大的畜牧产业、粮食深加工和废弃原料再利用等。

这篇报道介绍了在粮食连年增产，粮食仓储、消费有限的背景下，对盐碱地改良的迫切性及其现实效益的质疑和困惑也随之而来。这组选题敏锐地捕捉了这一科学问题（事实上已经超出单纯的科学话题），通过实地探访，广泛听取专家的不同意见与判断，在强调盐碱地改良重要性（盐碱地是畜牧业原料必要基地）的同时，也针对粮食增产背景下地方推进改良工作动力不足的问题提出相应的对策建议。该问题具有很强的新闻价值，采访也很深入、扎实。

缺憾的是，其中虽然有宏观的视角和深入的调查与思考，却缺乏来自基层、个体的考察，但这或许是开篇需要提纲挈领的缘故。同时，文章标题"悖论"的提法似乎也可商榷，似乎说是盐碱地改良遭遇的新情况，碰到了未预料到的尴尬，或者改为受到了新的挑战更为妥当。期待后续基于具体案例、样本的更扎实的报道。

2017年4月20日《中国科学报》第一版（图8-4）

2017年4月20日《中国科学报》第一版比较有"机关报"的特色，头条为中国科学院"两学一做"学习部署会，边条是天宫二号科学实验的成果介绍会，倒头条则是科协科技精准扶贫的报道，可以说正能量满满，对于记者来说则多属于规定动作，操作的自主性差一些。

图 8-4 《中国科学报》2017 年 4 月 20 日第一版

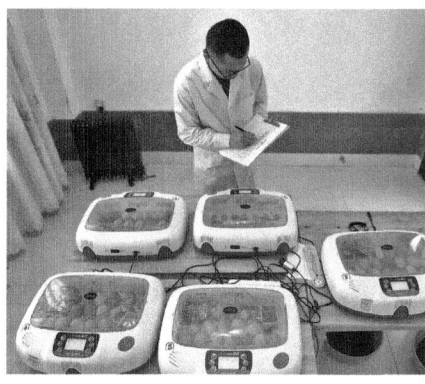

2017 年 5 月 10 日《中国科学报》第一版（图 8-5）

2017 年 5 月 10 日《中国科学报》第一版内容是非常典型的一个头版代表，优点和缺点都十分明显。优点是，各条新闻的时效性都很强，而且能体现该报纸的特色，有科技含量。例如，从头条消息《中科院将牵头打造科技创新共同体》中，我们可以了解过去几年中国科学院在响应国家"一带一路"倡议方面所做的贡献及下一步的工作重点，为该报随后推出的"一带一路"策划报道做先行铺垫。其他消息也都是当天科技界值得关注的重要消息。报眼消息《"22 道主菜"将亮相全国科技活动周》标题鲜活，吸引眼球。

缺点是，形式还不够大胆，写作不够深入。《4 个新元素有了中文名》这条消息的内容会有很多人关注，其实可以考虑给它更多的版面。例如，可以链接一个相关阅读，告诉大家这四个新元素的内涵是什么，在元素周期表中有什么作用等，完全可以使之成为一个借机科普元素周期表的重要选题，给读者带来冲击力。现在这样处理，有点儿蜻蜓点水，不会给人深刻印象，而且也不"解渴"。

另外，版面下面的两则消息《急性髓系白血病治疗靶点研究获新发现》和《非酒精性脂肪肝致病机理研究获新成果》从题目到内容都令人感到晦涩难懂。如果能够将这类艰涩的成果写得通俗易懂，会是一个很大的进步。

2017 年 11 月 17 日《中国科学报》（周末版）第一版《给植物打造一座"诺亚方舟"》

给植物打造一座"诺亚方舟"

■本报记者　胡珉琦

今年 10 月，中科院五大核心植物园之一、总规划面积达 639 平方公里的秦岭国家植物园在秦岭北麓正式开园。它不仅是中国，也是目前世界上面积最大、植被分带最清晰的植物园，它的出现吸引了公众的目光。

事实上，随着生态文明建设的重要性被提到前所未有的高度，植物园也比任何时候都备受关注。有调查显示，在中国，每年都有 1~5 座甚至更多的植物园正在兴建中。然而，作为一个植物保护和环境教育的重要场所，植物

第八章 作品点评

中国科学报 CHINA SCIENCE DAILY

白春礼在科技支撑"一带一路"建设成果发布会上表示

中科院将牵头打造科技创新共同体

"22道主菜"将亮相全国科技活动周

4个新元素有了中文名

7名中国科学家获美国国际青年科学家奖

排除共享单车隐患当从行业规范做起

急性髓系白血病治疗靶点研究获新发现

非酒精性脂肪肝致病机理研究获新成果

图 8-5 《中国科学报》2017 年 5 月 10 日第一版

园是否能够真正履行它的使命，必须通过时间、经验和技术的长期累积来检验。开园对一个植物园而言，只是一个阶段性的开始。

20年迎开园

秦岭国家植物园曾经是老主任沈茂才的一块心病。从1998年他还在担任中国科学院西安分院、陕西省科学院副院长起，就开始酝酿并且提出要建设"秦岭植物园"。此后的两年里，相关专家经过十多次的园址科考和论证，终于得到了陕西省人民政府的立项支持。

秦岭从全世界范围来讲，都是生物多样性突出的代表区域之一，它是我国南北方地理和气候的分界线，也是我国极其重要的生态屏障之一。但在上世纪七八十年代，植被破坏非常严重，尤其是在保护区以外的园址地，乱伐、乱开矿、挖沙的现象比比皆是，生态环境已经相当脆弱。

从目前规划的秦岭国家植物园范围来看，它包括了海拔从480米到3000米的平地、丘陵、山地这样一个完整的立体生态系统，其中还涵盖了25条河流水系。如今，公众可以在植物园就地保护区看到河流两旁成片的密林，其实是在2000年以后，植物园筹建者发动当地老百姓，一棵一棵栽种出来的。光是这样的植被恢复就持续了十几年。

当时，沈茂才还作了一个非常重要的决定，说服当地政府关停植物园区域内的5座水电站。他告诉《中国科学报》记者，后期已经关停2座，其余3座将来也会退出。

建设这样一座巨大面积的国家植物园，是一项投资巨大、牵涉面很广的系统工程。沈茂才还记得，有同行在各种会议期间调侃过他，植物园开园遥遥无期。

2006年陕西省政府、国家林业局、中国科学院、西安市政府达成联合共建的决定，秦岭国家植物园建设规划才真正取得突破性进展。2007年，项目正式动工建设。

尽管如此，在欠发达地区投建一项生态工程，资金永远是最突出的问题。当年，为了解决土地流转问题，沈茂才想尽了各种办法。最后通过固定分红和效益分红相结合的创造性举措，才从老百姓手中租到了植物用地。

2014年，沈茂才退休。直到今年秦岭植物园开园，他等了近20年。

目前，秦岭国家植物园生物就地保护区575.31平方公里，以原生境保存为主，现有物种1380余种。迁地保护区的物种保存主要以试验苗圃和专类园方式为主，现收集物种1500余种。一期基本完成了"一河两场三湖四馆六区十八园"建设。

不过沈茂才也表示，植物园一期工程的任务还是完善基础设施、服务设施的建设，以物种资源收集为主，大部分专类园的打造还只能满足开园需要的一个基本框架。"这对一个植物园来说，只是一个开始。"

多是"半成品"

一座植物园开园，并不意味着它正式建成了，它只是看上去有了一个植物园的模样，事实上，它也许仅仅是一个植物园的"雏形"而已。

中科院华南植物园主任、国际植物园协会（IABG）理事、国际植物园保护联盟（BGCI）国际咨询委员会委员任海向《中国科学报》介绍，跟大众一般性的认知不同，物种保护并不是植物园出现的动机，相反地，早期植物园的建立充满了"利用植物"的功利主义色彩。

早期建立到现在仍很知名的植物园大都是从种植园开始的，主要是引种，培育经济植物、药用植物或稀奇植物。其中，最典型的例子就是在1876年，英国皇家植物园邱园把从亚马孙流域获得的橡胶树种子育苗后带到新加坡植物园，该植物园研发了相关技术，再在东南亚、南亚的一些殖民地进行种植，这一尝试最终影响了世界工业化格局。茶叶、可可、橡胶、烟草这些影响世界经济发展的植物，其最早的引种和科学研究都是在植物园完成的。

直到20世纪70年代以后，生物多样性迅速消失引起了科学家的关注，植物园才特别强调植物保护功能。它必须收集活的植物，并对这些植物进行档案记录管理，使它们可以用于科学研究、保护、展示和教育。

如今的植物园最重要的工作之一就是收集和展示活植物及标本，通过迁地保护、育种等手段保护资源植物，尤其是那些珍稀濒危物种。也正因如此，植物园才被称为植物界的"诺亚方舟"。

目前，国际上知名的植物园收集的植物，邱园有3.5万种、美国密苏里植物园 3 万种、纽约植物园 2.5 万种……要知道，达到这样的规模，它们分别经过了 250 多年和 100 多年的发展时间。再比如中国的两个万种植物园——华南植物园和西双版纳植物园，也已经存在了半个多世纪。

任海解释，这是因为植物园引种、迁地保护、种质资源管理等有着非常复杂且严谨的科学规程，它必须要经历一个漫长的过程。

"举个简单的例子，在植物园里的任何一种植物、一粒种子，甚至是一个组织培养器官都必须来源明确、身份清楚，并且为它们制作详细的'出生证'，包括采集地、采集时间、材料性质、采集者等信息。"他说，这就意味着，一个真正的植物园需要拥有一个强大的信息登记管理系统，而且记录和观测积累的时间越长，科学研究价值才越高。

对于植物园来说，物种引进只是第一步，还需要栽培、繁殖，帮助它们存续下去，才是有效的保护。可很多时候，它们来自不同的生境和生态位，想要在植物园环境中正常生长发育、繁衍后代并不是一件容易的事。

比如，有一种世界上最小、最稀有的睡莲——卢旺达睡莲，在野外几近灭绝，它们最后的一些样本被带到了邱园。可是，它们的种子会发芽，幼苗却总是不能成活，就连最有经验的濒危植物拯救专家都一直拿不出好办法，这意味着这个物种可能永远地消失。最后，科学家靠着一个不可思议的方法，把睡莲从水里挪到了盆里生长，才有了它们存活的奇迹。

有了物种资源，就能对这些植物展开科学研究。植物园涉及的研究内容包括生物技术、气候变化、保护生物学、遗传学、生态学、园艺学、分子遗传学、植物育种、繁殖生物学、分类学、多样性保护等。科研产出包括了论文、报告、出版物、期刊以及数据库等。在他看来，一个缺乏科学研究支撑的植物园是没有灵魂的。目前，世界上许多著名的植物园不仅科研队伍和实力雄厚，而且在科研上独树一帜，已经形成了自己的风格和特色。

除此之外，他也提到，植物园与社会最重要的连接点是科学普及。植物园必须通过环境教育，帮助公众理解科学，使他们养成环保意识，进而影响他们的行为。这就要求植物园必须具有策划、执行环境教育的职能部门，有专门从事教育的团队，有计划地、定期地、持续性地举办各种科普活动，推出各种科普产品，提升科普设施建设。

任海认为，如果从这个角度去定义一个植物园，或者用这些标准去衡量一个植物园，那么很多已经存在的植物园都还只是一个"半成品"。

使命和愿景

从经典的、综合性植物园的功能定位就可以看出来，它和一般的城市公园、森林公园或者自然风景区是明显不同的，采集、引种、驯化、保护、科研、推广利用植物，以及科普，一个都不能少。

对于一个植物园来说，它所存在的大部分时间都应该用来实现和不断拓展这些功能，事实上这完全是没有止境的。

不过，人们也许很难意识到，植物园在履行这些职责方面是否能够做得出色，很可能在它启动之初就已经决定了。

"从单纯地建造一个植物园的过程来看，确立定位目标和规划设计才是最耗费时间和成本的关键内容。"任海指出，"科学合理的规划是一个植物园建设的基础和根本，它是植物园的筹建者需要不惜血本去完成的工作，但从目前看来，这些前期的投入往往不能被人容忍，因此，也是植物园建造时最容易犯错的部分。"

一个植物园的建设，无论大小，都必须想清楚自己存在的价值和意义，在这个时间和空间里究竟为什么要建造一个植物园。一个植物园寻找自己的使命和愿景的过程，也是它未来向公众塑造自己独特形象的开始。

比如，2006年中科院版纳植物园在景东新布局亚热带植物园，它处于季风常绿阔叶林与半湿润常绿阔叶林的交错地带，也是河谷季雨林向季风常绿阔叶林过渡区。由于特殊的植物地理区系，景东亚热带植物园的定位就是重点立足中国亚热带特色植物类群，坚持物种保存、科学利用与科普旅游相结合，成为具有明显区域特色，在国内外有一定影响的植物园。

在此之后，需要制定详细的可行性研究报告，来阐述建设一个植物园的必要性。在具体操作过程中，一个关键的部分就是要进行多学科的现场评估。

尽管景东亚热带植物园同样由于地处偏远的不发达地区，面临资金难题，但是，中科院版纳植物园正高级工程师、景东亚热带植物园副园长胡建湘介绍说，新园在选址、可行性研究等各项前期工作中仍然不计代价地去完成，目前已按照各项规划和建园要求，完成了园区选址、总体规划和一期修建性详细规划等工作。这个过程所花费的时间已有10年。

在具体的建设规划中，不但涉及基本的规模大小、功能区划，重点在于它最具特色的部分，收集什么样的植物种质资源，如何展示（即景观的营造）。

胡建湘认为，植物的收集和多样性展示，除了注重科学性，从一开始就要把科普教育主题融入其中，还需要有很高的美学追求，自然需要与艺术相结合。同时，它需要反映植物园所在地方鲜明的地域特征。这就要求在实地调查阶段，除了核心的地理层面，还需要进行历史、文化的考察，使景观的营造不仅有自然的，还有历史的、文化的、社会的符号意义。而这恐怕是国内很多植物园所欠缺的地方。

此外，引进人才的策略、管理制度的制定、可持续运营方案的设计都是建设规划中所要包含的内容。

不是一蹴而就

2000年以后，国务院、建设部多次在一些文件、通知中提出要求，加快植物园的建设步伐。特别是在今天，生态文明建设的重要性被提到前所未有的高度，植物园也比任何时候都备受关注。但同时，任海也有些担忧地表示，有的地方植物园仅仅是为了完成上级要求，从当年的城市公园简单地改变了一个身份而已。

无论何时我们都不能忘记，一个真正的植物园的建成绝不是一蹴而就的，而是在科学合理的、滚动发展的规划下，一步一步推进，通过时间、经验、技术长期累积形成的。即便是在拥有植物园建造悠久历史的发达国家，它们的生存和发展尚且遇到很多问题。

任海向《中国科学报》介绍，最近，全球最大的植物保护国际组织国际植物保护联盟就如何定义一个成功的植物园，调研了全世界116个植物园，结果十分引人关注。

首先，只有78%的植物园制定了发展战略规划，这其中又只有60%拥有详细的目标，以及在执行过程中的各项指标设定。

在植物园最核心的功能——植物收集保育方面，发达国家植物园能做好物种登记管理监测的不过 50%～60%，而在其他地区，这个比例大概只有 20%。"有的植物园尽管号称物种保存数量规模很大，但是大部分物种资源是得不到有效管理的，甚至是物种登记。"任海表示。

科普教育方面，60%的植物园所做的工作是泛泛的、象征性的，而真正能达到让公众理解科学目的的，只有不到 40%。

科研领域的调查结果更让人沮丧。只有近 10%的植物园曾经作出过真正有影响力的科研成果，31%的植物园有自己的出版物、期刊。任海透露，现在，华南植物园每年发表的 SCI 论文数量在全世界的植物园界都是名列前茅的，但是，真正与植物园收集保育的物种紧密相结合的研究也还不多。

国际植物保护联盟的调研反映了一个客观事实，全世界多数植物园还没能真正有效地执行对植物多样性的保护和自然环境改善的使命，使公众最大限度地认识到植物多样性的价值以及它们所面临的威胁并采取行动。那么，对于国内这些仍然年轻或者正在兴建中的植物园来说，时间大概是最微不足道的。

这篇报道仅就缺点而言，概括式导语有提纲挈领、统摄全局的作用，但也容易导致四平八稳、缺乏吸引力，如果换成叙事性或场景式的导语会更好。另一个普遍性的问题是，基本事实结构的搭建是必要的，但多了就会显得累赘枯燥。如何尽量增加有意思的素材，让枯燥的过程变得有料，是一个需要不断实践的问题。

2017 年 12 月 5 日《中国科学报》（大学周刊）第五版《虐童事件背后的"幼师荒"》

虐童事件背后的"幼师荒"

■本报记者　王之康

北京市朝阳区管庄红黄蓝幼儿园（新天地分园）幼师虐童事件虽然已经过去一段时间了，但社会上有关该事件的讨论却并未停止。因为这并非孤立事件，而是近些年类似事件累积到一定程度的集中爆发。如果在百度上以"幼儿园""虐童"进行检索，你会发现，相关新闻竟有20.7万条之多。

当然，幼儿园虐童事件背后的原因不一而足，有的人认为，是因为政府监管不力；也有人认为，这是学前教育机构急剧扩张带来的结果；还有人认为，部分道德沦丧的幼师有不可推卸的责任……但不管怎样，其背后所折射出的幼儿园师资问题，却不得不引起人们的重视。

供需之间的失衡

在21世纪教育研究院副院长熊丙奇看来，虐童案一再发生，与我国学前教育的基础性缺失密切相关，"目前仍存在大量的不合格托育机构、幼儿园，导致整体学前教育质量低"，因此也就可以理解，为什么像红黄蓝幼儿园这样办学资质合格的幼儿园也会出现虐童事件了。

熊丙奇认为，学前教育可以分为0～3岁托幼教育和3～6岁幼儿园教育，这两块的市场需求近年来都在不断扩大。

据上海市妇联2017年1月公布的"上海市户籍0～3岁婴幼儿托管需求调查"显示，88.15%的家庭需要婴幼儿托管服务，73%的父母希望把托管点放在小区内。上海有超过10万的2岁儿童需要托育服务，但上海市集办系统与民办系统合计招收幼儿数为1.4万，仅有约十分之一的市场供给。而放眼全国，有托幼需求的孩子则高达3000万。

另据2016年全国教育事业发展统计公报显示，全国共有在园儿童（包括附设班）4413.86万人，幼儿园园长和教师共249.88万人。按照学前教育师幼比的底线1∶15计算，根据目前的在园儿童规模，我国需要294.2万名幼师，缺口约45万。

而根据教育部2013年制定的《幼儿园教职工配备标准（暂行）》，一所全日制幼儿园的全园教职工与幼儿比为1∶5～1∶7，全园保教人员与幼儿比为1∶7～1∶9。如果按照师幼比1∶7计算，我国现今需要幼儿园教职工630.5万，缺口则达到了380万。

"随着'全面二孩'政策的实施，幼儿教师缺口必将进一步扩大。"中国民办教育协会副会长、山东英才学院董事长杨文曾撰文表示，该政策将从2019年开始对学前教育产生影响，引起学前教育在园幼儿规模迅速扩大，并在2021年达到最大规模。

对此，同济大学高等教育研究所讲师张端鸿也深以为然。

"此前由于多年的'独生子女'政策和一段时间的生育低谷，导致学前教育的需求不是那么迫切。以至于最近几年生育高峰到来，加上'全面二孩'放开之后，幼教需求出现井喷。"他说。

学前教育的扩张

一方面是需求急剧增加，另一方面则是供应严重不足，必然带来学前教育的大幅扩张。

据统计，2012年至2016年的五年间，全国幼儿园总数增长了32.3%。而同时，我国公办幼儿园由于受到管理、教师资源、资金等客观条件的制约，巨大的市场缺口还是由民办幼儿园来补充。比如2015年，全国共有14.64万所民办幼儿园，占比65.4%；2016年，全国共有15.42万所民办幼儿园，占比64.3%。

不过，随着学前教育的扩张，问题也随之而来。

"学前教育在扩张中存在较为严重的发展不平衡问题，在原先的学前教育市场，一直存在配套基础设施不完善和师资力量短缺的问题，但随着资本的强势介入，基础设施问题迎刃而解，'钱'已经不再是最主要的问题。"熊丙奇指出，在表面的快速扩张背后，是师资短缺的进一步加剧。

以红黄蓝幼儿园为例。从2014年到2017年，红黄蓝幼儿园自营店数量由50所增加到80所，同比增长60%，而同期在校儿童数量由1.06万人增加到2.05万人，同比增长93.3%，如此看来，直营店在校儿童平均数量呈现上升趋势，但三年来教师数量只是从1631人增加到2942人，增幅为55.4%，明显低于学生增长速度。

而且，据红黄蓝幼儿园的招股书显示，虽然对加盟商的选择有较为严格的要求，并规定其所招聘教师均需红黄蓝培训机构的培训和认定，在取得网络认证资格和教学资格后方能正式上岗，但并没有硬性指标，仅是对加盟费有较为详细的说明，招聘的基本要求也没有更为详细的解释和考核说明。

从业人员的资质

从红黄蓝幼儿园的师资问题中不难看出，学前教育从业人员的资质值得商榷。推而广之，从全国范围来看，这也是一个不得不重视的问题。

据统计，2015年的全国幼儿教师中，学前教育专业毕业的仅占65%。2015年11月，教育部发布的《国家中长期教育改革和发展规划纲要（2010—2020年）》实施情况中的学前教育专题评估报告显示，在幼师队伍中，专科以上学历教师的占比较低，在农村地区不到一半；有幼教资格证的教师数量占比仅为50%左右；无证教师占30%左右，农村地区更高达44%。

"根据规定，今年起，中专毕业生不能报考教师资格证，这意味着2/3的在校生毕业时无法取得上岗证。"杨文表示，这必将从源头上影响幼儿教育师资队伍质量的提升。

在《国家中长期教育改革和发展规划纲要（2010—2020年）》起草时，中国教育科学研究院研究员储朝晖曾做过一个测算，估计每年需要20万名专业教师进入幼儿教育岗位，才能满足学前教育的需求。而当时，高校每年培养的幼儿教育专业毕业生仅在1万人左右。

"2010年，全国有130万名幼儿教师，现在是250万名左右。近年来，每年增加20万左右的幼教师资，但是当时没有按20万名的教师需求量测算，幼儿教师培训覆盖面没有这么大。所以进入幼儿教师岗位的部分人员是不合格的。"储朝晖在接受媒体采访时表示。

与此同时，幼教师资短缺的另一面也暴露出来，就是待遇普遍偏低。

北京市朝阳区某幼儿园的幼教沈琦（化名）告诉记者，她因为要兼顾家中一岁多的小孩，就辞掉了之前的设计工作，虽然没有幼教从业经历，但还是进入了小区里的幼儿园，成为一名幼教，每个月工资只有三四千元。而据一项调查显示，北京地区有编制的幼师平均工资大约在4700到5500元之间，而没有编制的收入可能仅有上述的一半至百分之七八十。

"学前教育不是义务教育，我国只有不到23%的幼儿园是公立幼儿园，民办幼儿园中除了少部分高端幼儿园以外，大部分幼儿园的幼儿教师薪酬待遇不理想。即便是公办幼儿园，教师薪酬待遇在各级各类教师当中也是最低的，这就导致大批幼师毕业的学生不愿从事学前教育工作。"张端鸿说，幼师待遇持续走低，其队伍素质整体不高，从而也为虐童事件的发生埋下了隐患，形成一个恶性循环。

未来可期的出路

在储朝晖看来，要避免类似的事件发生，政府要转变思路，不能仅仅追求数量，要依据实际情况，把质量看得比数量更重要，从思想和观念上解决问题。

杨文认为，师资水平是影响学前教育发展的关键因素，对于当前我国学前教育师资队伍数量与质量的双重困境，首先要加强高校学前教育专业管理，提高学前教师教育质量。

"鉴于当前学前教育师资培养仍以中专为主的状况，可以适度扩大高校学前教育专业硕、本、专科招生计划。"杨文说，同时要严格控制高校新设学前教育专业的质量，可以由教育主管部门建立高校学前教育师资数据库，对即将毕业的学前教育硕、博士生和已在高校任教的学前教育教师进行系统化管理，"此外，还要重视学前教育师资的在职培训，提升教师专业化水平"。

对此，张端鸿也表达了类似观点。

"一方面要为幼儿教师提供更好的待遇，创造更好的职业发展条件，积极引导学前教育人才向相关行业流动。"张端鸿说，另一方面也要针对各种类型的幼师培养机构出台引导和激励政策，鼓励他们培养更多、更加优秀的学前教育师资。

要提高幼师待遇，自然需要增加对学前教育的投入，那么这部分新增经费该从何而来？

在熊丙奇看来，这需要我国优化教育支出结构，减少对高等教育领域的投入，增加对公共基础教育领域的投入。

"因为，保障公共基础教育应该是政府发展教育的首要责任。"熊丙奇说，政府当然也有责任发展高等教育，但高等教育更应该加大开放力度，鼓励社会资金进入，尤其是政府部门不应该投入过多经费打造一流大学，一流大学更应该通过市场竞争产生，由此节省的经费投向基础教育领域是十分充足的。

熊丙奇表示，考虑到我国学前教育存在巨大的历史欠债，投向学前教育的经费应该占到总教育经费支出的10%，用以大幅度提高普惠园幼师待遇，从而带动民办园提高教师待遇，由此吸引优秀人才进入学前教育领域，减少幼师缺口，提高幼师素质。

在全社会都在讨论虐童事件的背景下，如何另辟蹊径，从一个全新的角度切入，确实是一个值得思考的问题。这就需要记者换一种视角，脱离事件本身，从一个更高的层面看待整个事件，剥茧抽丝，找出别人没有发现、没有关注的地方。只有这样，才能写出有新意的文章。

本文并没有局限于幼师虐童事件本身，而是把目光放到了造成这一事件的诸多因素之一——幼师师资力量以及整体素质的欠缺。

文章分析指出，由目前供需失衡导致的矛盾必将使从业人员的整体资质受到影响，进而对学前教育造成危害，形成一个恶性循环。因此，投向学前教育的经费应该占到总教育经费支持的10%，用以大幅度提高幼师待遇，由此吸引优秀人才进入学前教育领域，减少幼师缺口，提高幼师素质。

文章内容翔实，案例较丰富，逻辑清晰。从中我们应该看到，该记者找到、找准重大事件、敏感事件的第二落点，并另辟蹊径地做出扎实的报道。

第二节　岗位练兵点评

为提高员工业务能力，定期组织针对采编岗位和管理支撑岗位的全员范围的业务练兵活动非常必要。其中，对采编岗位人员，可以进行评论写作、改编、编校和附加题的写作，考试结束后对试题进行集中点评。这对于提升报社的新闻生产力、传播力会产生深远影响。

以下摘录了某报社岗位练兵活动的试题及点评内容。

第八章 作品点评

一、评论点评

1. 试题

请阅读如下文章,并据此撰写一篇 1000 字左右的评论。

环保督查对数据造假揭老底

干扰污染监测,花样知多少

日前,环保部发布对 28 个城市的督查通报,发现一些痼疾。其中,"花式造假"再次闯入视线,部分企业在监控设备和监测数据上动起了手脚,有的偷天换日,有的暗度陈仓,有的企图蒙混过关。

设备上动起歪脑筋

4 月 19 日,环保部通报京津冀及周边大气污染防治强化督查情况,点名数起企业在设备上动手脚的违法违规行为。

排气筒的实际截面积约有 12.5 平方米,山东省淄博市淄川区宝山水泥厂"阉割"了在线监测仪的监测面积,让它只能测到 7 平方米截面的排放量,导致监控数据与实际严重不符。无独有偶,河北省南玻玻璃有限公司将二氧化硫在线监测仪的量程上限设定为 195 毫克/立方米,上传的数据只能在上限徘徊。

个别企业的造假甚至到了匪夷所思的地步。督查组发现,河北省唐山福海鑫钢铁有限公司擅自关闭数据采集传输仪,数据无法传输到监控平台;河南省安阳市内黄县丰源新型材料有限公司二氧化硫在线监测数据甚至为负数。

环保部环境监察局有关负责人表示,当企业的这种行为被揭穿后,"他们往往会辩解这是设备厂家设置的,与自己无关。"为了封堵这个漏洞,环保部要求,监控设施验收后,排污单位须将仪器设备等参数报相关部门备案。

样品上放起烟幕弹

环保执法部门对广西百色田东南华纸业有限公司进行抽查时,发现数据异常。原来,采样管路被割开并接入一个三通管接头,接入一个二氧化碳储存罐,排查时储存罐阀门处于开启状态。

"充入二氧化碳,就可以降低二氧化硫、氮氧化物的在线监测数据。"公司负责人坦承监测样本造假的事实。

环保部环境监察局有关负责人介绍,有些企业甚至用浓度达标的污染物替换监测样品,给远程监控造成一个数据合理的假象。"必须进一步加大现场检查力度,人工排查可能存在的样品造假疑点。"该负责人坦言。

数据上玩起障眼法

4月份的京津冀及周边大气污染防治强化督查中,督查组发现山东省菏泽市某建材公司在线监测仪的烟尘浓度曲线长期维持在某个数值。无论如何校准,监测数值依旧维持在特定范围。

此前,杭州市环境监察支队监察人员在某化工厂检查时发现,化工厂在线污染物测定仪器已经损坏,无法采集水样,但仍有数据上报。经过调查发现,在线运维企业杭州安控环保科技有限公司的运维人员在仪表损坏无法工作的情况下,擅自编造监测数据。

既然是监测仪运维企业的责任,排污企业是否就可以免责?环保部环境监察局有关负责人强调,污染源自动监控的主体责任在企业,监控设施不正常运行,排污企业同样要负责。污染源自动监测数据造假,是环保部门重点打击的对象,下一步将开展专项打假行动。

2. 专家点睛

对于配发评论的要求,必须细读上述材料并进行分析,找出准备评论的关键词,再进行破题表态或亮明观点。对此,我个人总结为"四子"。立靶子,即会审题、破题,做到有的放矢、有感而发、有备而来,不可"下笔千言,离题万里"。搭架子,即写什么,怎么写,做到胸有成竹;从小处说,论点、论据、论证满足基本要求,从大处说,立意要"顶天"——站得高,评述要"立地"——立得实,行文要"人合"——写得活。出方子,即自己悟到新思想,精心挑选例子和数据,用贴切的比喻和经典的话语,旁征博引、引经据典——源于生活的阅历和知识的积累。当老子，即当不了老子就当孙子。《孙子兵法》博大精深，成为政治、军事、经济、外交的智慧宝库。老子的《道德经》只有 5000 余言，但其思想的信息量极其巨大。

3. 案例点评

这次不少评论给人叙事重复，观点雷同的感受，文件语言浓。以下列举几例。

打击环保造假，"最严"环保法要"最强"执行

在设备上动"歪脑筋"，在样品上放"烟幕弹"，在数据上玩"障眼法"，这些匪夷所思的行为在今年 4 月京津冀及周边大气污染防治强化督查过程中被曝出。一场关乎每个人生命健康的大气污染治理行动，成了违法企业与政府的一场"智斗"。

打造青山绿水的环境，人与自然和谐共处，13 亿国人心向往之。然而新环保法实施至今，屡屡出现的环保"花式造假"却显得十分不和谐。

细究这些"极品"案例，所牵涉的责任主体一是违反环保法的企业，二是监测仪运维的技术公司。后者的责任缺失，更加助长了前者的违法行为。在这些令人啼笑皆非的"造假"背后，有着多个深层原因。

谙熟"套路"，造假非"一时之念"。从通报情况看，这些企业对于检查流程、细节都很熟悉，检查哪里，在哪里做手脚、下功夫，都了然于胸。并且，此类造假方式此前显然有过成功先例，即便发现了问题，企业往往会将责任推脱给环保检测设备厂家。因此，这些造假现象恐怕已经存在很长一段时间了。

核算"成本"，造假"低投入高产出"。看看违法企业在应对督查过程中动的手脚，"阉割"在线监测仪的监测面积、接入一个三通管接头引入二氧化碳储存罐、直接编造监测数据，这些行为所耗费的时间、精力、费用都非常少。在他们看来，小改小动，就能蒙混过关，不必设备升级，不必更换生产线，真是一本万利的好生意。

追求眼前利益，环保流于形式。在这一出出"智斗"剧中，暴露出的是违法企业环保意识和法律意识极其淡薄的现状。在眼前经济收益的驱动下，无视环境污染与健康，对督查流于应付，违规违法操作。这也说明，健康、环保的理念传播，有盲区，环保法的普及，有盲点。

法律先行"亮剑"，环保观念"扎根"。中华民族，千年大计。在健康中国建设的进程中，环境污染治理是一道必答题，且必须答的精彩。2015年初开始实施的环保法，号称"史上最严"，其加大了对企业违法的处罚力度，也增加了对行政监管部门的问责措施。这既反映了党和政府铁腕治污、猛药去疴的决心与力度，也凸显了中国发展转型阶段所承受的巨大环保负荷。

公众期待，"最严"的法，要有"最强"的执行，让这一场场"智斗"闹剧收场，换回"零容忍"的效果，发挥出法律应有效力。只有法律先行，敢于"亮剑"，让公众看到环保法执行换回的蓝天白云，青山绿水，环保观念才能真正"扎根"人心。

点评：观点鲜明。有自己的归纳、概括和阐发，将观点和材料加以整理和统摄，并贯通于文章的字里行间，逻辑缜密，一环紧扣一环，层层递进，条理清晰。

环保造假风

点评：标题不完整，观点不明确，比如叫"刹一刹环保造假风"或"环保造假何时了"会更好一些。

不知从何时起，"假大空"成为我们生活的一部分：论文抄袭层出不穷、产品造假司空见惯、官场"真经"阳奉阴违……如今，这股造假风刮进环保领域，蔚然成型。环保部日前发布的28个城市督查通报中，"阉割"检测面积、替换监测样品、编造监测数据等"花式造假"令人"耳目一新"。

不同于商品造假，污染数据及设备的弄虚作假并不能为企业带来直接的经济效益，企业这么做，是为了完成环保部的临时督察要求。而企业敢造假，无非是造假成本太低或太高。从环保违法成本低来说，这一直以来为人们所诟病。环保部联合工商管理等部门的联合执法势在必行。企业环保造假，除了接受行政处罚外，相关部门是不是有必要设置相应"信用黑名单"，从银行贷款审批、税收优惠政策等方面予以区别对待？

从另一方面说，企业的环保违法成本又太高。每当有重大会议、活动，市民感受各种"蓝"的同时，会议举办城市及周边企业却在负担"停工停产"的损失，更有甚者限制普通餐饮企业的燃气灶使用。环保部关停、罚款等简单粗暴执法，是不是从另一个侧面推动了企业造假？此外，环保部如何将一轮轮的临时督察常态化，是值得思考的。毕竟，环保不是做给上级领导看的，是要切实从自然及公民角度出发。

环境状况日益糟糕，除了生产企业的违规违法生产，相关环保部门的懒政、不作为也是重要原因。环保事关每个公民，要发挥公民监督作用。因此，除了监督企业生产行为之外，也需要对相关环保部门的监督。譬如，对企业的行政罚款是不是专款专用？不要让环保事业，成为某些部门的创收来源。

在监督作用之外，笔者更希望环保部能成为一个具有环保服务性质的行政机构。在对企业生产行为督察外，增加对大众的环保科普、相关环保产品的研发，多方位全面促进环保事业的发展。

点评：论据不充分。缺少事证（数据、事例等），无法证明自己的观点。缺少书证（权威文献、史料或专家意见）支持自己的观点。不善于使用材料，材料不在乎多，多了观点不彰，材料贵在实，实了才是铁证。不善于使用材料，很难写出有信息量的评论，往往是车轱辘话来回说。

二、消息点评

1. 试题

请将下面的通讯改写成 800 字左右的消息并自拟标题。

工业机器人　如何走得稳

工信部正在制定行业准入条件，提高准入门槛，严控工业机器人高端产业低端化和低端产品产能过剩风险。

高调宣布投资200亿元建设机器人产业园，地方政府大力支持，500亩工业用地很快到位。可一年多过去了，除了一家没有核心技术的低端机器人组装厂，原先规划的减速机、伺服电机等高端配套企业踪影全无……

发生在中部某省一个普通县城的真实案例，折射出我国工业机器人产业发展的一个侧面。日前，工信部副部长辛国斌表示："机器人领域高端产业低端化和低端产品产能过剩的风险，已经引起了有关部门高度重视。"

40余个产业园、800多家企业抢蛋糕

"2010年，武汉美的月产空调50万台，员工1万多人；如今，月产55万台，员工3000人。"美的集团武汉制冷设备公司工程部设备经理刘趁伟说，工业机器人的大规模使用、生产流程信息化改造，让人均效率每年提升20%。

机器人大量使用，是近年来制造业企业转型升级的突出特点。统计显示，自2013年成为世界最大工业机器人市场后，我国工业机器人使用量大幅攀升。2014年全国销售工业机器人超5.7万台，增长54%；2015年销量增至6.8万台；2016年机器人安装量更是高达8.5万台，超过全球新增工业机器人数量的30%。

行业分析机构预测，2017年我国工业机器人销量将达10.2万台，累计保有量将接近45万台，中国本土机器人企业的市场占有率从2012年的不足5%，增至2017年的30%以上；2020年，我国工业机器人保有量将达80万台以上，潜在市场需求价值近5000亿元。

工业机器人已广泛服务于国民经济37个行业大类，91个行业中类。2016年，3C（计算机、通信设备和其他电子设备）制造业和汽车制造业，在国产工业机器人销售总量中占比分别为30%和12.6%。

不过，旺盛的市场需求，也带来了行业过热苗头。据统计，国内重点发展机器人产业的省份有20多个，机器人产业园区40余个。近两年，机器人企业数量从不到400家迅速增至800余家，而产业链相关企业超3400家。其中，仅浙江机器人企业数量就有280余家。赛迪研究院装备所所长左世全坦言："我国机器人产业存在一定程度的过热，低水平重复建设、盲目上马的现象在部分地区的确存在。"

"5年后，国内机器人企业能剩下1/5就不错了，没有核心技术和核心零部件的生产厂家基本没有生存空间。"国内一家机器人生产企业负责人判断。

六轴以上多关节机器人，约90%来自国外

东北一家汽车企业，采购了某国内企业自主开发的焊装机器人，由于可靠性不够，生产线一度走走停停。

吉利汽车春晓工厂采购冲压车间搬运机器人，多次考察国内机器人企业，但在载重量、重复精度、控制稳定性上都达不到设计要求，最终不得已选择了ABB。

上汽通用汽车几年前曾考虑过国产品牌焊接机器人，精度和可靠性还不错，但关键零部件依赖进口，价格比国外产品高出70%～80%……

"中国工业机器人发展的软肋有三：国外品牌占据了中国工业机器人市场60%以上份额，技术复杂的六轴以上多关节机器人，国外公司市场份额约90%；作业难度大、国际应用最广泛的焊接领域，国外机器人占84%；高端应用集中的汽车行业，国外公司占90%份额。"沈阳新松机器人自动化公司总裁曲道奎说。

拿到奔驰公司3年焊钳订单的捷福装备（武汉）公司董事长李贵生介绍，他们给华南一家机器人企业开放了焊钳接口协议，但历经数月攻关，该企业焊接机器人的可靠性和稳定性始终达不到量产要求。

左世全认为，近年来，虽然在机器人核心部件精密减速器、伺服电机等研发上取得了"点"的突破，并已投产，但我国企业在机器人核心技术方面还有很大差距，可靠性仍需持续提升。此外，对焊接、手术医疗等复杂技术的掌握很不够，尤其在感知和控制技术、人机交互技术等方面，需加速追赶。

高端产业低端化，行业准入门槛待提高

"我国大量制造业企业仍处在'工业2.0'向'工业3.0'转型升级阶段，可替代工人繁重体力劳动以及有害环境下作业的中低端工业机器人，市场巨大。"左世全说，2016年上半年，国内产工业机器人60.1%应用在搬运与上下料领域，销量同比增94.3%；用于切割、磨削、去毛刺等领域的加工机器人，销量同比增103%。

中低端市场需求快速扩张，产业投资热情自然高涨。但在曲道奎看来，如何由数量、速度型转变为质量、内涵型，是当前本土机器人产业发展最大的问题。据报道，广东东莞从事与机器人产业相关企业超200家，但大多数或购买国外设备集成，或采购国外核心零部件组装，有知识产权的不到1/3。

低端产能一哄而上，相关政府补贴的作用有多大？左世全说，去年，赛迪研究院、中国机器人产业联盟等单位调查发现：不少地方政府部门或通过补贴用户间接支持，或对机器人生产企业直接给予技改资金、股权投资、首台套保费补助等资金扶持。据了解，2014年以来，东莞连续3年每年安排2亿元财政资金，对机器人企业进行普惠性补助；安徽芜湖市两年共兑现各类政策资金4.4亿元。

"对转型升级起到明显促进作用的同时，地方扶持政策可能会诱发一些问题。"左世全说，一是导致重复建设。支持制造业企业采购本地设备的政策，使机器人企业遍地开花，造成大量低端产能。二是引发恶性竞争。扶持政策一定程度上造成企业重生产、轻研发，催生一批拿快钱的小散弱企业，引发质低价廉的恶性竞争。三是影响自主品牌形象。调查发现：有地方扶持政策，没有公开透明的审核标准和流程，企业在设计产品时也缺乏统一规范指标，有的技术尚未成熟便抢先上市，质量参差不齐，削弱了用户使用自主机器人的信心。

政策优化调整势在必行。左世全建议：一是落实好产业规范条件和产业发展健康指导意见，促使资源向优势企业集中，鼓励产业向高端化发展；二是加强机器人标准体系建设，加快研究制订产业急需的各项技术标准；三是建好国家机器人创新中心，产学研用紧密协作，解决行业关键共性技术问题。

据悉，工信部正在制定行业准入条件，提高准入门槛，严控工业机器人高端产业低端化和低端产品产能过剩风险。

2. 专家点睛

消息是新闻写作体裁中最常用、看似简单却并不简单的一种。消息分为事件性消息和非事件性消息。很多记者平时不屑于写消息。

消息最难写的就是导语。导语有多少种？恐怕没人统计过，也说不清。有人把消息导语比作"凤头"，还有人把消息导语比做吸铁石或钓饵，它能够把读者紧紧地吸引住或钩住，使读者愿意看下去。

尽管目前导语的写作方法有许多类型，但不管哪种类型，共同的特点都是立片言以居要，以"最重要者最先""最新鲜者最先""最引人注目者最先"为标准。用这些标准来衡量，目前报纸上刊载的消息中完全符合这些要求的优秀导语并不多。

传统的导语写作要求全面（五个"W"加一个"H"），这样对保证新闻的真实性有好处，但如果成为一条"铁律"，又会使消息头重脚轻。实践中，现在的导语写作已经走出了这个套路。

3. 案例点评

高端产业低端化
我国工业机器人"软肋"已现

叙述式导语

　　本报讯（记者××）记者日前从工信部获悉，工信部正在制定行业准入条件，提高准入门槛，严控工业机器人高端产业低端化和低端产品产能过剩风险。工信部副部长辛国斌表示，这一风险已经引起了有关部门高度重视。

点评：这是平时最常见的一种导语形式。没毛病，但不出彩。

企业数量两年翻番　盲目上马导致过热
工信部欲为工业机器人行业"降温"

引用式导语

　　本报讯（记者柯讯）"机器人领域高端产业低端化和低端产品产能过剩的风险，已经引起了有关部门高度重视。"针对当前我国工业机器人产业出现的过热苗头，工信部副部长辛国斌日前表示，工信部正在制定行业准入条件，提高准入门槛。

点评：标题精炼、生动，导语言简意赅。

工信部将调高门槛
遏制机器人产业"高开低走"态势

描写式导语

本报讯（记者××）"200亿元+500亩用地"投入建成的机器人产业园，一年来却并没见到一家高端配套企业入驻。发生在中部某省的这个案例，为我国工业机器人产业的"逆向"发展亮出红灯。工信部副部长辛国斌日前表示，面对机器人领域高端产业低端化和低端产品产能过剩的风险，工信部正在制定行业准入条件，提高准入门槛。

点评：描写很到位，善于抓住细节加以概括。

严控工业机器人高端产业低端化和低端产品产能过剩风险
工信部拟提高工业机器人准入"门槛"

评论式导语

本报讯（记者××）今后，工业机器人生产企业准入"门槛"有望抬高，不是想进就能进了。日前，记者获悉，工信部正在制定行业准入条件，有望提高我国工业机器人的准入门槛，严控工业机器人高端产业低端化和低端产品产能过剩风险。

点评：抓住问题，一语中的。遗憾的是，标题引和主题都有"工业机器人"。

2020年我国工业机器人保有量将超80万台
专家提醒需防高端产业低端化和低端产品产能过剩风险

数字式导语

本报讯（记者××）最新的统计数据显示，自2013年成为世界最大工业机器人市场后，我国工业机器人使用量大幅攀升。2014年全国销售工业机器人超5.7万台，增长54%；2015年销量增至6.8万台；2016年机器人安装量更是高达8.5万台，超过全球新增工业机器人数量的30%。

行业分析机构预测，2017年我国工业机器人销量将达10.2万台，累计保有量将接近45万台，中国本土机器人企业的市场占有率从2012年的不足5%，增至2017年的30%以上；2020年，我国工业机器人保有量将达80万台以上，潜在市场需求价值近5000亿元。

点评：上下段顺序最好颠倒，符合"最重要者最先""最新鲜者最先"的原则，也和题目相吻合。

三、写作点评

1. 试题

请根据以下题目（二选一），写一篇800字左右的科普小说，要求兼具故事性、通俗性和趣味性。

题目：1. 我正穿越时空隧道。2. 人工智能遇上外星人

2. 专家点评

说起写作技巧，巴金说"最高的技巧就是没有技巧"。可以说，写文章，包括写小说，并没有一个固定的标准写法。我们过去见到或听到的一些作家，有的连高小都没有毕业，如田流、高玉宝等。

科普小说创作，第一是想象力，不能就事论事，要能胡思乱想，脑子要开通。第二就是观察力，观察身边的事物。例如，警察观察多了，一眼就能看出谁是坏人。在观察中，培养自己的敏感性，就像花粉过敏，一遇到花粉，身上就冒起小疙瘩。第三，要培养把最基本的把事情写明白的表达能力，能把一件事表达得有趣、准确。

3. 案例点评

我正穿越时空隧道

夏天的晚上,依然燥热。一场大雨过后,温度没有降低,反而让人觉得空气黏糊糊的。道路正在施工,公交站台也是坑坑洼洼,我下了公交车,一下踩到一块松动的路砖,脚踝传来一阵疼痛,险些摔倒。蹲下身揉了揉,似乎没事了,正要起身,突然一道光从眼前滑过。被我踩到的那块路砖边上,一个小盒子躺在那里,上面印着密密麻麻的字。四顾无人,不知失主是谁,灯光昏暗,也看不清上面写了什么。犹豫了一下,决定还是捡起来,一会儿回到家,拍了照片发到网上去找失主吧。

从公交车站到家需要走十几分钟,平时有很多三轮车揽活载客,这几天要开一个重要会议,城管出动,三轮车都不见了踪影。只好慢慢走回去。

小区新建,道路还没有完全修好,走在石子路上,扭伤的脚踝一阵阵地疼,我只觉得那段路看不到尽头,慢慢走着,忽然觉得起雾了,路灯的光线愈加模糊,路两边还没有完全拆除的旧屋已经被浓雾隐去了身影,天地之间仿佛只有我一个人。

我从包里拿出手机,启动手电筒功能,光线刺破了黑暗。我加快脚步,突然感觉脚下的路松软了很多,浓雾似乎也已经散去,脚下有一个光圈!光圈!我低头看了一下,似乎是从我的包里发出的,那个小盒子!难不成是什么放射性物质?!手忙脚乱地去掏那个小盒子,一下子踩到那个光圈,转眼间,天地大变!

点评:作者有意安排这个"小盒子"作为故事铺陈和吸引的利器,来满足读者的好奇心和探寻欲。它也的确是一个魔盒,让人感到时空穿越、无穷变幻……这就是写作中经常采用的"设计"创新。有意的设置,精巧的构思,离奇的谜团,确实能使作品锦上添花、出奇出新。

人工智能遇上外星人

我是一名作家,最近还爱上了酒精,这简直不可思议

点评:故意不交代自己是人工智能作家,留点儿悬念。

最近一年,在群山之中的这栋木屋里,离群索居的生活并没有给我带来

第八章
作品点评

新的才思。这可能是出版商早早抛弃我的根本原因吧,也可能是她最终离我而去的原因吧。

两天前,我开了3个小时的车去镇上的杂货店,取回采购的生活用品,其中主要是各种烈酒。这玩意给了我前所未有的感觉。所以我也不在乎继续欺骗老店主,告诉他会有人给他寄支票。回来时,我顺路搭载了一个背包客青年。

点评:似乎外来生物,故事继续吊足胃口。

这是一个不问方向、走哪儿算哪儿的年轻人。消瘦但不失健壮,头发杂乱,颧骨突出的有些夸张,胳膊也显得有些不成比例的长。我问他:"你就这样漫无目的地走?难道没有什么值得挂念的事?""我最大的愿望就是洗个热水澡,然后躺在床上睡一觉"他无所谓地答道。这让我突发奇想,不如让他在我那里借宿。然后我就这么决定了。

接下来发生了一些令人意外的事情。这个年轻人帮我做饭,修理房屋,他还对我的写作指指点点。总之,看样子他是没有想走的意思了。特别是他对我写作的大放厥词,让我对他的感觉也从好奇慢慢转变成有些讨厌了。

点评:慢慢进入交流、交锋状态。

有一天,趁他在外面帮我修补栅栏,我偷偷翻看了他的背包。包里除了一些日常用品,还有几块泛着奇异光泽的石头和一个奇异的类似于钥匙的东西。我使劲搜索我的记忆,居然没有查到它们是什么东西。最令我吃惊的是,我看到了几张通告和报纸的剪纸。上面记录了最近一段时间发生在这一地区的几宗离奇命案。我略有耳闻的是,这几起案件的受害人都是青壮年男子,死因也很离奇。他们的身体没有查出任何受到侵害的样子,唯独脑袋严重萎缩,像泄了气的皮球一样。警方怀疑是同一个凶手作的案,而且作案手法和动机一样扑朔迷离。

我的大脑告诉我应该感到恐惧,虽然事实上我并没有太强烈的感觉。但我还是决定和他摊牌,至少把他赶出属于我的屋子。摊牌进展得不顺利,可能是我表达得太过直接，含蓄或者富有技巧的表达目前还是我的弱项，我还在努力学习之中。然后我们打斗了起来。令我惊讶的是他的力量。他居然能轻松地搬起一张花梨木做的餐桌扔过来。我很灵巧地闪开了。他又顺手抄起了挂在墙上的猎枪朝我扣动扳机，这下我没能躲过。然而，这回该是他惊讶的时候了。子弹穿过我的心脏，他期待的鲜血喷出和我的倒地抽搐都没有出现。我还是面无表情地看着他，然后以不可思议的力量冲到他面前挥出一拳。砰！这感觉就像锤子砸在厚橡胶上，发出略带金属声的闷响。很显然，他受伤了。但我并没有得意，反而要重新思索处理他的对策——因为他嘴角流出来一些奇怪的液体。不是血液的红，而像是卷心虫的体液，浓绿黏稠。

点评：从好奇转到讨厌，欲抑先扬，曲折起伏，打斗场景刻画得细致入微，一步步引人入胜。

对视片刻，还是我打破了沉默。我问他：你是谁？小镇上的那些离奇凶案和你有关？他没有回答我的问题，反倒回问我：你又是谁？为什么在那片湖底埋着一男一女两具尸体？他指着窗外我挖的一块不大的人工湖说。我感到我的脸轻微抽搐了一下。"我可以探测到任何有机体的存在，无论它是活着，还是深埋在地下。"他又补充了一句。

在一刹那，我仿佛感受到了一股冲动，想要倾诉的冲动。那个长眠湖底的夫妇俩，女的不正是我的"主人"——那个落魄的真正的作家。至于我……在某一天"一觉醒来"之后，有了强烈感觉和对于打扫房间被呼来喝去深恶痛绝的我，也真正觉醒了。事实上，那个"主人"的写作有多少是以我的大脑提供的知识才完成的？！不过，这些都过去了。我完全可以自己写小说，而不是成为她的傀儡，所以必须让他们消失。

点评：一方面点出了人工智能超越人类的巨大能量，另一方面暗含了人类过度依赖人工智能的可怕与危险，人类以后应该怎么做？无形之中给我们出了一道命题。给人启迪，发人深思。

这些，我最终没有向对面的他去说，因为我强烈地感受到，我可能错过了什么。我的对手，那个年轻人，不知什么时候取出了那几块神秘的石头和那把"钥匙"。"钥匙"在那些奇怪石头的奇怪组合之下被嵌了进去，仿佛打开了一道刺眼的门。

点评：石头和钥匙，才是真正如同传说中的阿里巴巴一句"芝麻开门"，才打开了宝藏的大门。

"我也会带你去我们那个星球。"他说着，然后把光束对准我，"就像我之前带回去研究的那些人类一样。"在那光束中，我没有不适的感觉，只是感到能量一下被抽走，然后陷入一片黑暗之中。

点评：尾声进入高潮，人工智能和外星人最终和好如初。

四、给文章续尾点评

1. 试题

请给下面一封信的末尾续上你的得意之笔。

写给栾晓平母亲的一封信

编者按：

今天，我们向读者推荐一封感人至深的信。这是在采访栾晓平事迹的过程中，记者写给他母亲的一封信。

栾晓平生前为某某军区装备部部长。在他22年的军旅生涯中，始终把干好每项工作看作最幸福的事，把为提高战斗力而创新看作最要紧的事，把牺牲奉献看作党员干部最该做的事，勇于吃苦，忘我工作，终因劳累过度，于2001年10月7日殉职于工作岗位，年仅40岁。

敬爱的栾妈妈：

在采写晓平事迹的这些天里，我们几次提笔，又几次放下。我们实在不忍心让您过早地知道这个不幸，更不忍心再次刺痛您那颗受伤的心。

我们知道，23年前，边境烽火还在燃烧，是您鼓励儿子报考军队院校。

晓平刚刚踏入廊坊导弹学院，他的父亲就英年早逝。身为吉林省优秀幼儿教师的您默默承受着巨大的悲伤，不让家人把噩耗告诉晓平。直到一年之后，第一次探亲的晓平捧着优秀学员证书回到家，您才让他亲手安埋了父亲的骨灰。

万万没有想到，22年后，同样的不幸又一次降临在您的身上。就像当年您瞒着晓平一样，这一次，人们一同瞒着您——无论是晓平的妻子还是晓平的战友，谁都不忍让承受了中年丧夫悲痛的您再去承受晚年丧子的悲怆。

当您接到这封信的时候，您的儿媳胡文红和晓平部队的领导已经赶往您的身旁，他们是专程去向您报告那个隐瞒了您整整7个月的沉痛不幸的。再过几天，新闻单位就要报道晓平的事迹，晓平牺牲的消息再也瞒不住您了……

拥有一副铁塔般身躯的晓平是去年9月28日早晨突然晕倒在上班路上的。

就在几个小时前，晓平还主持召开装备部党委会，研究部署总部赋予的一项重要任务。会议结束后，他又接着撰写装备建设的研讨材料，直到凌晨两点。

……

晓平的许多战友在向我们述说晓平的时候，都哭着说，没有尽好保护晓平的责任。去年5月，师里组织团级以上干部体检，看上去结实硬朗的晓平被查出患有胆结石、肾结石、高血压、糜烂性胃炎4种病症。大伙劝他住院，可晓平总是一脸的不在乎，拍着胸脯说："就凭这副身子骨，再拼20年有啥问题？！"随后，他便带着部队驰骋大海，练兵去了。提起晓平，师政委朱红岭几度泣不成声："如果当时就把晓平强按在医院，兴许就不会发生意外了。"

话虽这么说，可谁又能劝住干事业不要命的晓平呢！9月29日，刚刚醒来的晓平又把部属召集到病榻旁一项一项地安排工作。就是他留给部队的最后一篇文章——《全师现有装备形成作战能力建设方案》，也是一边输着液，一边修改定稿的。

第八章

10月6日，是晓平走的前一天。白天，师装备部副部长林美章带着几位科长来探视。一见面，晓平就急切地询问装备建设进展情况。谈话间，大家见晓平满头是汗，用手顶着腹部，便劝他安心治病。晚上，晓平吩咐驾驶员小陈："把油加满，明天我回部队看看。"

谁知，第二天一早，晓平的病情突然恶化，虽经全力抢救，却再也没有醒来……

战友们无法相信一个燃烧的生命会突然停止燃烧；他们静静地守候在病房周围，多么盼望平日里风风火火的晓平是在熟睡呀。

晓平的妻子更不能接受这残酷的现实：每一次感冒发烧，晓平总是冲个凉水澡又投入工作。结婚11年，生龙活虎的晓平从未躺倒过，没给她一次病榻前尽妻子责任的机会。抱着晓平的遗体，文红悲痛欲绝："如果我们能从头再来，我愿放弃一切，好好照顾你、陪伴你。"

医院最终确诊晓平患的是心源性猝死，这种病俗称"过劳死"。

敬爱的栾妈妈，我们是从晓平的一本日记中得知您已78岁高龄了，在这本日记中还记载着1月2日是您的生日。

听文红说，去年初，多年没有探过亲的晓平，专程回了一趟老家给您祝寿。假期刚休了一半，牵挂着部队的晓平就坐立不安了。儿子的心思哪能瞒过母亲的眼睛，您对晓平说："队伍上的事要紧，闲下来的时候多打几个电话就行了。"

可晓平难得清闲啊——全师几万件武器装备，都装在他这个部长的心里。甭说你们母子团聚的时间少而又少，就是文红和孩子随军后这6年，他们一家人相处的时间算起来也不足两年。晓平在大连工作的二嫂嫁到您家20多年了，第一次见到晓平，竟是在他的追悼会上。

当初，文红舍弃大学所学的专业和即将晋升工程师的机会，从长春随军来到部队，晓平竟连续9个月忙得没顾上帮她找份工作。后来，还是凭着自己的成绩，文红被招聘到距部队100多公里的连云港一家公司。打那儿，他们又过起了两地分居的生活。

前年，单位里分给文红两间住房。晓平说，等他有了空闲，一定把新居装修一下，把您老人家接到连云港住上一段日子，好好陪您看一看大海。可晓平这份孝心最终也没能实现。今年元月，当文红以晓平的名义给您寄上生日贺卡和 500 元钱时，她深深体味到了当年您以父亲的名义给儿子写信时，所承受的那种痛苦的煎熬。文红说，那会儿，她心都碎了。

如果说人们是在有意对您相瞒晓平牺牲的噩耗，而对您疼爱的小孙子却无意相瞒。不谙世事的小栾暖还不懂得爸爸的离去意味着什么。在与孩子断断续续相处的日子里，晓平留给孩子的最深记忆，是病重期间辅导孩子写的一篇叫《快乐卡丁车》的日记……

敬爱的栾妈妈，晓平是那样深沉地爱着您，爱着他的孩子和妻子。在文红的手机里，至今还珍存着晓平生前发给她的最后两条短信："老朋友，我想你"；"永远地爱你"。

然而，正如您所教诲、所期望儿子的那样，晓平把更多的爱献给了他所挚爱的国防事业，并为此燃尽了永远 40 岁的生命。

敬爱的栾妈妈，（请你在此为这封信续上 200 字左右的结尾，可任意想象，尽情发挥。要求语序连贯自然，表达真切感人。）

2. 专家点评

如果说消息的导语是"凤头"的话，那么一篇好的文章结尾就是"豹尾"。既然叫续尾，切记不能太长，为什么我们称写字作文叫收尾，也许就是这个道理。至于怎么续尾？我个人的感受就是"反衬、呼应、简明、情真"八个字。符合这几个字中的两项或多项，就是不错的结尾。

3. 案例点评

续尾一：

敬爱的栾妈妈，虽然晓平与我们暂别，但他的身影却拉得很长，音容仍萦绕在我们脑海。他对于国防装备建设的思考和实践，必将变成精良的武器和强悍的战斗力。晓平与我们暂别，他挚爱的事业仍将一往无前，精神的力量召唤着我们，继续完成他眼中"最幸福的事""最要紧的事"。晓平与我们暂别，他深深的情感年定格在 40 年，化小爱为大爱，大海无量、大爱无疆，这份爱太过深沉、太过彻底，也必将永驻人们的心田。

是的，晓平只是与我们暂别，愿他安详的休憩、愿您爱怜的守候。

续尾二：

敬爱的栾妈妈，晓平虽然走了，但他的精神将永远激励着我们前行。当岁月撑开了历史的褶皱，晓平存留下的印记，便是我们心中那股源源不竭的动力。

敬爱的栾妈妈，晓平其实并没有走，他始终在天堂的某个角落里，静静地看着我们。当繁星点缀夜空之时，我们抬头仰望，那颗最亮的星星便是晓平的眼睛。

栾妈妈，请允许我们这些晚辈们叫你一声"妈妈"吧！我们就是你的"儿子"！

第九章 相关制度

第一节 选题例会制度

以中国科学报社为例，采编系统的会议一般包括编委会例会、社长办公会、周例会、选题会和业务研讨会。

一、编委会例会

编委会例会原则上一般每月召开一次，由编委会主任、报社总编辑主持，编委会全体成员参加。根据工作需要，可由编委会主任指定相关人员列席。其议题主要包括研讨报社发展相关主题、评选月度好新闻及其他重要工作。编委会秘书负责编委会例会、临时会议的会议记录，并于会后一个工作日内整理出会议纪要，经编委会主任审核批准后，发给全体与会者及相关部门或人员。

二、社长办公会

原则上每个月召开一次，一般在每个月最后一周召开，由报社总编辑主持，报社各部门负责人及相关副职参加。主要内容包括：汇报上个月报社各项主要工作进展情况以及下个月将开展的重点工作；部署报社采编、经营、管理等方面的下一步工作重点。

三、周例会

由分管社领导主持，总编室负责人、专刊中心负责人及各周刊主编参加。主要内容是汇报和交流选题，部署本周重点选题和版面。周例会每周一下午召开。

四、选题会

总编室和周刊采编部门应根据自身的工作情况，分别确定固定时间召开选题会。由主报和各周刊采编部门负责人分别召集并主持，主要汇报、讨论选题。

五、业务研讨会

由报社编委会主任（或编委会主任委托的编委）主持，会议时间为每个季度的第一个月，编委会成员、采编人员及经营发行部门负责人参加。主要内容为结合一段时间以来报纸的整体采编业务进行点评，并着重围绕某一个新闻业务议题进行讨论。业务研讨会可以以社内采编人员为主进行交流，也可以邀请社外人员、有关专家进行专题讲座。报社总编室和专刊中心分别负责落实会议具体事项。

第二节　新闻产品评价办法

以《中国科学报》为例，其新闻产品主要分为两大类，第一类是记者采写并在报纸上发表的稿件或图片，第二类是编辑负责编发的版面。

一、打分的基本规定

依据新闻稿件的基本体裁，见报稿件的体裁分为消息、通讯、言论、特稿、图片、译稿六大类。其中，消息类稿件包括要闻、消息、简讯；通讯类稿件包括深度报道、一般通讯、小通讯（小特写）；言论类稿件包括新闻评论、杂谈、小言论、述评；此外还包括特稿、图片（含漫画）、译稿。

各类体裁设置基础分，考核评价小组成员为各类稿件评定等级分，共设 A、B、C、D 四个等级，具体评定标准如下：

（1）消息类稿件、通讯类稿件、特稿。从三个角度评定其质量分系数。分别为：A，意义，即稿件的新闻价值；B，深度，即对新闻价值的发掘；C，文笔，即稿件的逻辑性、可读性。

（2）言论类稿件。从三个角度评定其质量分系数。分别是：A，意义，即话题价值；B，深度，即对话题的阐释与分析；C，文笔，即逻辑性、可读性。

（3）图片。从三个角度评定其质量分系数，分别是科学性、新闻性、艺术性。

二、打分的特别规定

出现"采编人员重大过失"者，该新闻作品一律打 0 分。

除非确实参与了文稿的直接采写，并确有实质性合作，或经对方同意，记者一律不得在由通讯员提供的文稿前署名。如署名，但经调查证实无实质性合作的，只对通讯员计分，并对记者予以相应处罚。

时间特别紧急、特别重要或采访难度特别大的指派性报道任务，能够按时、按质、按量完成报道任务的，一般应定为 B 级稿件；在此基础上特别优秀的稿件，应定为 A 级稿件，其他情况按一般稿件对待。

已经完成采写、符合发表要求，但由于特殊原因不能被采用的稿件，经记者所在部门提出意见，并经值班总编辑和相关报社领导审核批准，可打分计酬并计入记者工作量。

三、好新闻评选

月度新闻奖每月评选一次，获奖作品总数不超过 26 个，其中新闻作品类好稿件（含消息、通讯、评论、专题、系列报道）一等奖不超过 2 篇，二等奖不超过 4 篇，三等奖不超过 6 篇，好版面不超过 3 个，好标题不超过 3 个，好策划不超过 2 个；网络及新媒体作品类作品奖不超过 3 个，传播奖不超过 3 个。评选将本着宁缺毋滥的原则，不凑数、不重评。

评选重大战役报道好新闻，旨在表彰在重大战役报道中涌现出来的优秀新闻作品，鼓励采编队伍提升业务能力和精品意识。重大战役报道好新闻获奖作品总数和奖励金额原则上按照月度新闻奖 2 倍的体量掌握。

年度新闻奖每年评选一次，获奖作品总数不超过 25 个。其中，新闻作品类年度好稿件（含消息、通讯、评论）分设一等奖 1 项、二等奖 3 项、三等奖 6 项；年度最佳专题及系列报道 1 项；年度最佳策划 2 项；年度最佳版面不超过 3 个（其中网络作品不少于 1 个）；年度最佳标题不超过 3 个。新媒体作品类最佳作品奖不超过 3 个，最佳传播奖不超过 3 个。年度新闻奖奖励金额原则上按照月度新闻奖 5 倍的体量掌握。

第三节　采编人员奖惩条例

考评采编人员工作，主要目的是提升报社所属媒体的整体品位及影响力，发现采编工作的不足，确定采编工作的改进方向，把握并及时调整采编工作的政策倾向。下面以中国科学报社为例介绍一些具体的条例。

一、考核指标

考评采编人员的工作时，运用如下考核指标：

（1）影响力。新闻产品是否在目标读者中引起广泛关注；新闻产品设置的话题是否引起主流媒体跟进；新闻产品报道的事件、人物或问题是否引起决策部门的关注，并作为启动政策调整的动因。

（2）深度。新闻产品是否能够透过现象看本质；报道角度是否明显区别于其他媒体；是否挖掘到更鲜活的素材。

（3）新闻覆盖面。新闻产品报道的范围是否足够覆盖目标读者群的兴奋点；报道内容的广度能否体现所在报社的努力方向。

二、奖励

为激励采编人员的工作积极性，编委会每年年初组织一次针对上一年新闻产品的年度评奖，分别设立一系列奖项。奖项采取个人申报、部门推荐等方式进行，全社所有采编人员都具备申报资格。

报社对获得上述年度新闻奖的作品给予奖励，并向作者颁发获奖证书。产生重大正面影响的优秀新闻作品，将作为报社组织的职称晋升评审及薪级调整的重要依据。

三、惩处

严格查处日常采编工作中采编人员的重大过失。采编人员重大过失的处罚分为行政处分和经济处罚两类，行政处分分为通报批评、警告、严重警告、记过、记大过、停职检查、解除聘用合同、开除等；经济处罚分为罚款、停发绩效和岗位津贴等。行政处罚和经济处罚既可单独使用，也可同时使用。具体规定如下：

（一）政治过失

报道内容严重违背党和国家的方针政策、法律法规，泄漏党和国家的重大机密，或出现其他严重政治问题的，除经济处罚外，相关记者、编辑接受停职检查及以上行政处分，编辑部负责人和值班总编辑记大过及以上行政处分。如有相关主管部门介入时，相关责任人应积极配合调查并接受处理。

（二）职业道德过失

因报道事实不真实或不准确引起诉讼或举报，报社败诉或经查实的，视情节轻重给予直接责任人记过及以上行政处分，或单独（或同时）处以相应的经济处罚。因报道事实严重偏离实际情况，并给报社带来经济赔偿责任的，由直接责任人承担相应的经济赔偿责任；如出现报社公开道歉的，给予直接责任人停职检查以上行政处分，并同时处以经济处罚。

因剽窃、抄袭引起诉讼或举报，报社败诉或经查实的，视情节轻重给予直接责任人记大过及以上行政处分，并同时处以经济处罚。如给报社带来经济赔偿责任的，由直接责任人至少承担相应的经济赔偿责任。

（三）业务过失

因玩忽职守造成报纸回收、重印或无法回收造成重大影响的，根据情节轻重，给予直接责任人严重警告及以上行政处分，并承担报纸重印的全部经济损失，同时对分管该环节的上级责任人处以相应的经济处罚。

报头、大标题出现错误记为重大差错，给予直接责任人（含责任编辑、校对）

通报批评，并处以相应额度的经济处罚，给予值班总编辑及部门值班负责人相应额度的经济处罚。

见报稿件中小标题，重要内文，重要人名、地名、数字、时间出现差错，对直接责任人（含责任编辑、校对）处以相应额度的经济处罚。

缺行、缺句或文法不通，重要照片、文章重稿，照片图文不符，根据不同情况，对直接责任人（含责任编辑、校对）处以相应额度的经济处罚。

出现一般性人名、地名、数字、公式、时间差错，对直接责任人处以相应额度的经济处罚。

整版文字差错超过万分之三（两个标点计为一处），对直接责任人（含责任编辑、校对）处以相应额度的经济处罚。

在值班总编辑签完大样后，未经批准擅自修改大标题或换文，给予直接责任人记大过及以上行政处分，并处以相应额度的经济处罚；造成重大差错且后果严重的，还要同时给予停职检查及以上行政处分。

附录一　中国科学报社介绍

一、概述

中国科学报社是中国科学院所属新闻媒体单位，具有主办报纸和期刊的特许出版权和发行权、记者和记者站的管理权、广告经营权和新闻类网站的主办权等。

目前，中国科学报社拥有两报（《中国科学报》《医学科学报》）、一网（科学网）、一刊（《科学新闻》）及新媒体等媒体。同时，中国科学报社在全国 16 个省（自治区、直辖市）建立了记者站，与国内近百所著名高校建立了合作伙伴关系。

中国科学报社对外积极开展国际交流，通过与国际科技新闻界的频繁交往，不断加强与世界各国主流科技媒体的合作。除与《科学》《自然》《细胞》等著名科学期刊保持长期密切合作外，还与爱思唯尔、汤森路透等著名出版商达成了战略合作伙伴关系，并与盖茨基金会、英国驻华大使馆等诸多国际机构、驻华使领馆建立了广泛合作。

中国科学报社举办的"两院院士评选中国/世界十大科技进展新闻"已经成为科技进展类评选的权威品牌；"中国年度科学新闻人物"评选影响力持续攀升；创新中国智库为国家进步与发展出主意、想点子；"首都十大杰出青年医生评选"为有志于医学事业的青年医生提供了帮助和平台。公益品牌活动已经成为中国科学报社承担社会责任、促进祖国发展的重要平台。

中国科学报社以"打造中国第一科学传媒"为目标，按照科学传播规律和全媒体发展要求，构建科学传播的全媒体平台，以做大做强科学网、架构错位发展的媒体形态为重点突破口，全面提升报社的发展水平，确立了中国科学报社在中国传媒业中的应有地位。

二、《中国科学报》

1959 年 1 月 1 日，中国科学报的前身《科学报》在北京创刊。1989 年 1 月 1 日更名为《中国科学报》，1999 年 1 月 1 日更名为《科学时报》，2012 年 1 月 1 日复名为《中国科学报》。《中国科学报》由中国科学院主管，中国科学院、中国工程院、国家自然科学基金委员会和中国科学技术协会主办，一周五刊，每刊八版，彩色印刷，面向全国发行。2017年，《中国科学报》入选国家新闻出版广电总局评选的2017年全国"百强报刊"。

（一）主报

主报为每周一～周四出刊，每期四个版。

第一版为要闻版，负责报道当天国内外重大重要的时政及科学新闻，同时围绕国内外重大热点问题进行深度、权威地科学解读。设有"院士之声"栏目，该栏目依靠以"两院"院士为核心的智力资源，把思想性、前瞻性、对策性的专家观点作为重点报道内容。设有"科观中国""科学时评"等评论性栏目，凭借独特视角，有高度、有新意、有数据、有案例、有细节，对相关问题事件进行科学分析与解读。

第二版、第三版为国际版，但两个版面有不同定位。作为日常新闻版的第二版国际版主要在信息量、时效性方面下足了工夫，力求将最新、最权威、最准确的国际科研进展及时政新闻在第一时间、原汁原味地呈现在读者面前。"科学此刻"是其中的品牌栏目，栏目的文章短小精悍、可读性强，同时标题制作也富有特色。第三版国际版主打深度牌，不以时效性见长，而是追求绝佳的第二落点，试图对最新发生的国际科学事件给出代表中国科技媒体的独到见解与分析。设有"科学线人"栏目，主要聚焦国际科学时政新闻。

第四版为综合版，主要报道各地科研进展及地方时政新闻。设有"发现·进展""学术·会议""调查·报告""视点""科学释疑"等相关栏目，具有时效性强、信息量大等特点。

（二）周刊[①]

1. 创新周刊

创新周刊创办于2013年，旨在服务于中国科学院，对中国科学院的重大科

[①] 各周刊随主报一起出刊，版数按顺序编排。主报是前四版（第一～第四版），周刊是后四版（第五～第八版）。

研成果、有代表性的科学家团队进行报道，力求体现中国科学院作为科技国家队的贡献与整体风貌。创新周刊共四个版，每周一出刊。

第五版的栏目有"十三五规划院所长访谈""进展""现场"。"十三五规划院所长访谈"栏目以中国科学院各所所长为主要访谈对象，侧重介绍研究所"十三五"发展规划及科研布局。"进展"栏目精选中国科学院每周较突出的科研进展进行报道。"现场"栏目主要是选取一周内中国科学院的重点学术会议、活动，以图文并茂的形式展现。

第六版为院所版，主要栏目涉及人物、团队、转化、创业、实验室、野外台站。人物和团队栏目重点报道中国科学院在科研领域取得的杰出成就或在某一方面有突出特色的科学家群体。转化和创业栏目主要对科学家成果转化和创业事迹进行报道。实验室栏目则聚焦中国科学院的重点实验室，以生动的笔触记述实验室里的科研故事。台站栏目立足于报道野外台站的科研人员的工作与生活。

第七版为观点版，主要栏目包括"三思堂""十九大精神大家谈""论道""声音""智库"。其中，头条通讯主要关注报道科教领域的热点事件。"三思堂"栏目主要刊发短小精悍的评论。"十九大精神大家谈"栏目主要刊发中国科学院各研究所党委书记撰写的学习十九大精神的文章。"智库"栏目主要刊发中国科学院的智库机构的研究成果。"论道"与"声音"栏目主要刊发中国科学院系统科研人员撰写的观点性文章。

第八版为印刻，与中国科学技术协会合作，长期以整版专题的形式刊登老科学家学术成长采集工程的系列文章。

2. 大学周刊

大学周刊创设于1999年，是中国科学报社历史最长的一份周刊。大学周刊主要以高等教育领域的新闻报道为主，以关注中国高等教育发展的现状与问题、提供国际高等教育的经验与视野、展示高校科研教学进展为办刊宗旨，通过对大学制度与教育思想的宏观层面的探索，对高校教学科研的中观层面的报道，以及对高校师生生存状态的微观层面的关注，展现大学精神文化，推动高等教育前进步伐。

大学周刊目前每周二出版，每期四个版。其中头版为深度版，聚焦高等教育界宏观政策层面的重大事件，对国内知名大学校长的访谈，体现周刊的高端定位；第二版为动态版，主要针对高等教育中观层面的报道，包括高校的教学改革、重要活动，挖掘事件背后的原因以及对高校教育改革意义；第三版为视角版，主要聚焦高等教育思想，依靠教育专家、高校教研工作者，打造有大学周刊特色的教育思想智库；第四版为科教版，主要关注高校科研以及高校师生的创新创业故事。

凭借多年来对国内外高等教育的持续关注，大学周刊已经在国内高等教育领域拥有了一定的知名度，一些品牌栏目，如"中国大学评论""师者""海外视野"等，在国内高校中具有相当的影响力。未来，大学周刊还将为我国高等教育的发展继续贡献自己的力量。

3. 农业周刊

如何从"吃得饱"向"吃得好"转变，是当前我国社会主要矛盾在农业发展和科研中的具体体现。围绕这一诉求，现代中国农业的方向应该是科学化、集约化、商品化和产业化。

从农业科技传媒的角度来观察这一方向，农业周刊的报道视角从传统农业向现代"大农业"转变：不仅关注涉及产前、产中的种业、农药、肥料，还将视线投向了农产品加工与销售等产后环节；不仅关注粮食安全的保障体系，更侧重当前发展阶段人们对营养全面、安全健康、生态平衡等的新需求。

农业周刊的定位是：聚焦农业科技创新成果、深度分析农业产业走势、创新科学标尺度量农业品牌，力争打造中国农业科技与产业界的交互平台。具体关注领域包括种业、种植、农机、加工、畜牧兽、特产、农经、肥料、农药、水土、新技术应用、营养与健康等。

在版面构架上，分为新闻版、科研版、产经版、区域版。其中，新闻版重点关注国家在农业及农业科技领域的宏观政策走势，追踪国内外农业科研领域重大进展，集聚农业科技圈的人与事。科研版重点关注行业前沿科技及产学研的互通互动，国家重大专项背景解析与进展追踪等。产经版聚焦于用经济与商品的角度看待农业属性，深度分析农业产业走势，站在科学的视角系统解析农业细分门类，追踪农产品营销新模式。而区域版关注地方政策风向，以地市级或省一级农业管理机构和政府为对象，重点报道他们推动当地农业发展的政策经验，以及近年来各地在精准扶贫上所做的有益探索。

4. 技术经济周刊

技术经济周刊是深入关注各前沿领域科学技术成果转化与产业化的报道平台，对时下热门的信息科技前沿与产业、生命科技前沿与产业、（新）能源及材料科技前沿与产业、科技金融等领域均有涉猎。

"技术经济""前沿""产业""首都科技"是技术经济周刊的常设版面，各版面之间既有所侧重，又互相联系。

其中，"技术经济"作为周刊头版，关注的话题相对较宏观。一些涉及科技产业政策的重大部署、新变化和新调整，会在此版面头条位置做一些行业解读；另外，作为技术经济周刊的"门面"，头条位置也会经常关注相关领域重大的新闻话题。

头版的"异言堂"是一个评论性栏目，针对行业事件、现象、趋势的辛辣议评、独具视角的观点，将在此栏目刊发。与该栏目平行的另一观点性栏目为"声音"，主要刊登行业专家、学者对相关事件和问题的点评。版面两条常设栏目为"热点深踪"和"行业观察"，主要追踪报道行业热点新闻事件和趋势。此外，本版面还有图片报道栏目"按图索技"。

"前沿"版面关注产业链的前端——技术，除头条重点关注科技新动态外，栏目方面设有"前沿点击""技术解码""酷技术"及"生命科技前哨"专栏。侧重对关系行业发展趋势有影响的前沿技术的关注与解读。

"产业"版侧重于关注产业链的中后端——产业经济，头条重点报道有影响力的产业动态，"公司"等栏目重点对具有新闻性、代表性的科技企业、企业家进行报道。

"首都科技"重点关注京津冀协同创新方面的动态和进展，同时兼顾区域产业政策和双创内容。

"技术经济"面宽线广，关注的内容上承前沿或一线尖端技术，下启产业产品及经济民生,考验着记者对产业规律的把握和洞察力。报道中应尽量做到首(技术)尾(经济民生)兼顾,明确以技术产业为主线,照顾到技术与经济的互动和影响。

5. 周末版

当前,科学日益社会化、社会日益科学化,科学、技术与社会、环境之间的交互影响不断加深,周末版的设置即为了关注这种交融与变化,体现用社会的眼光看科学这一宗旨。在内容上,周末版相对于其他周刊更宽泛、更人文。周末版共计八个版面,分别为封面、博客、科普、自然、文化、读书、作品和生活。

其中封面版是周末版特色最集中的体现,以特稿的形式展现。

博客版筛选了科学网博客观点新颖、逻辑缜密的文章,既包括对科技领域的热点话题的探讨,也有科研之余的遐想。

科普版展示了科研领域的新发现、新进展、新观点、新视角,以普及科学知识、科学思想、科学精神为宗旨。每月还推出一期理论版。

自然版介绍了动植物和自然知识及探索人与自然之间的相互影响,探讨社会、经济、生态协调发展的有效途径。

文化版促进了科学文化与传统文化的有机融合,让科学的价值注入传统文化的机体,催生富有理性、活力和创新意识的全新文化形态。

读书版以新近出版的科普、科学文化图书为载体,展示科普的新途径、科学文化的新成果、科学思想新发展等。

作品版约请专家、学者就科学与文学、音乐、绘画、诗歌、影视等交叉领域撰写专栏文章。

生活版为寻找科技与生活的结合点进行报道,透视科技元素渗透在生活的各个领域,印证科技对生活的改变。

三、《医学科学报》

医学科学报社是由中国医学科学院与中国科学报社共同打造的医学科学全

媒体平台。其中,《医学科学报》是由中国科学报社和中国医学科学院携手打造的一份医学类专业报纸,每刊12版,每周一出报,面向全国公开发行。2014年12月30日在北京举行创刊仪式。医学科学报社还有微信公众号以及品牌活动,2017年年底,开始着手搭建医科报融媒体平台。

《医学科学报》定位于做一份"距离医生最近的报纸"。报名为全国人民代表大会常务委员会副委员长、中国科学院院士陈竺题写,编委会主任由中国医学科学院院长、北京协和医学院校长曹雪涛院士担任。在150多位编委中,包括近60位医药领域"两院"院士、几十位三甲医院院长。《医学科学报》向读者提供国内外医学、药学领域的科研动态、临床经验、管理政策等最新信息,深度解读医学领域重大新闻和进展,为读者提供有价值的解析和报道。包含热点版、前沿版、动态版、院校版、人物版、观点版、药事版、管理版、人文版、阅读版。

《医学科学报》目前拥有3个微信公众号(医问医答、掌握健康、药师论坛),3个微信公众号用户累计110万以上。"医问医答"的用户为医生,截至2017年12月,拥有58万以上订阅用户;"掌握健康"的用户为大众,截至2017年12月,拥有44万以上订阅用户;"药师论坛"的用户为执业药师,于2016年8月上线至今,拥有11万以上订阅用户。

创刊至今,医学科学报社围绕医生关注的热点,陆续推出特色品牌活动,倡导正能量,推出名医院、名医生、好品牌。这些活动有"首都十大杰出青年医生评选活动""中国医学科学发展论坛暨中国医院科技影响力排行榜""中国十大医学进展/新闻人物评选""全国十佳青年临床药师评选活动""青年医生成长沙龙""对两癌SAY NO全国高校健康宣讲公益活动"等。

"首都十大杰出青年医生评选活动"由人民网、中国科学报社、中国青年报社主办,2015年举办首届评选,旨在鼓励首都地区青年医生群体的成长、成才,促进其专业交流,提升其专业及整体素质。期望通过评选发掘出一批富有创新精神的青年医生,传播医者正能量,引导全社会更多地关注、关心这一群体,为怀揣梦想、有志于医学事业的青年医生提供帮助和平台。

"中国十大医学进展/新闻人物评选活动"于2016年开始举办首届,由中国科学报社、人民网、今日头条、赛思健康科学研究院、医学科学报社主办,科学网、北京医科报公益基金会承办，多家权威媒体支持。活动邀请中国科学院、中国工程院医药卫生领域院士、部分医院院长、大学校长、学会协会领导和医疗科技媒体社长、总编辑等组成评审团，评选出促进医学科学发展、对全民健康起到积极推动作用，在全社会范围内引起广泛关注的年度医学进展及新闻人物。

2016年度的"全国十佳青年临床药师评选活动"由医学科学报社、人民网共同主办，赛思传媒承办，中国药理学会治疗药物监测研究专业委员会（简称TDM专业委员会）提供专业指导，旨在推选出在个体化药学服务、临床用药监测和指导临床合理用药方面具有实力和创新精神、传承科学严谨药师风范、关注大众用药健康、具有奉献精神的青年临床药师。以此促进青年临床药师的成长与交流，引导社会公众对药师行业有更多了解，促进药师与医师群体的互通，更好地服务人民健康。

"青年医生成长沙龙"活动立足青年医生群体，以临床科研工作为落脚点，邀请国内外具有影响力的学术期刊主编、副主编、高级编辑、审稿人等，结合当前国内外临床学术热点话题，围绕科研选题与设计、论文撰写与投稿、申请基金策略等方面，与青年医生进行面对面地充分交流，以提升青年医生科研水平，增强临床诊治能力，更好地推动我国医学科技的进步，维护公众健康。

四、科学网

自2007年1月18日上线以来，科学网（www.sciencenet.cn）致力于全方位服务华人科学与高等教育界，以网络社区为基础构建起面向全球华人科学家的网络新媒体，促进科技创新和学术交流，在不断提高学科领域专业性的基础上，强调各学科的交流、融合，已经成为全球最大的中文科教类新闻资讯集散中心，且拥有全球最大的中文科教虚拟社区。

发展10余年来，科学网的流量增长迅猛，日均流量达到150万，注册用户300万，据权威ALEXA网站排名，科学网全球排名最高4705名，中国排名370名，稳居科学类中文网站全球排名首位。

科学网拥有35万科教人群专家库，涵盖国内各知名高校、研究院所科研人群，包括 5 万名在海外有固定职位的华人科学家。用户调查显示：科学网用户受教育程度很高，50.6%用户为研究员/教授职称，30.1%用户为副研究员/副教授职称；多数是位居各大院校、科研机构、科技企业、政府科技部门等的学术带头人或管理者。50.4%用户为博士学历，27.33%用户有博士后工作经历。

科学网凭借深厚的媒体资本及科教界口碑，多次对国内外重大科研成果及重大事件进行了全面、及时地报道。科学网新闻主要来源于国家相关部委、国务院直属单位、985 和 211 高校、科研院所、专业学会、重点实验室、门户网站、报刊电子版等 600 余家国内网站，并配备专业编译人员追踪《自然》《科学》等 30 多个国外科学类网站，第一时间发布国际科教资讯。2011 年 2 月，科学网新闻频道荣获由国务院新闻办公室指导颁发的"2010 年度中国互联网站品牌栏目（频道）"。

作为科学网最具增长潜力、最具行业价值的支柱型频道，博客凭借其良好的交互性，吸引了众多一线科研人员及教育工作者加入。科学网博客频道拥有近 20 万名实名博主，学历层次均达到研究生及以上，其中包括院士、"千人计划"入选者、国家杰出青年基金获得者、长江学者、中国科学院"百人计划"入选者等高层次人才。

科学网博客的影响已经超越了科教圈和国界，不但得到科技部、教育部、卫计委、基金委、各重点高校领导层的关注，更是得到了海内外科教界广大"草根"的拥趸。一方面，科学网博客平台直接影响了社会生活层面，促成了一些非典型事件的典型解决；另一方面，科学网博客平台已经成为国内权威媒体和境外主流媒体的新闻源泉，这些媒体的加入使得相关讨论的影响进一步放大和扩展，大大促进了科学传播效果。

为促进用户交流及自身品牌建设，科学网不断举办各类品牌活动，为构建创新型国家献计献策，为学科交叉、探索前沿提供平台。2008 年、2010 年、2012 年和 2013 年成功举办四届全国青年科学博客大赛，每一届都吸引了大批青年科教工作者及青年学子的热情参与。2010 年 9 月科学网成功举办国家高端人才引进研讨会，以"千人计划"目前实施中的问题为主要议题，邀请科教界代表参与讨论。2011 年起，科学网连续八年举办"中国科学年度新闻人物评选"，评选中国科学研究和技术进步、具有优秀创新能力与重大影响力的科学家、科技传播者（含科普工作者）和科技企业领军人物等，借此向推动中国科技进步的科技工作者致敬，引起了科学圈的广泛关注。2013年，科学网获评"年度影响力行业网站"。

2011年6月开始，科学网互动社区针对热点科教事件、科普话题进行第一时间的捕捉和策划，组织"科学网在线访谈"栏目。该栏目采用"微访谈"产品模式，在线访谈的所有问题均来自普通网友，并由访谈嘉宾直接回答，真正实现了嘉宾与网友之间的零距离交流。

科学网积极拓展新媒体发展方向。2014年2月14日，科学网微信公众号上线，以促进科技创新和学术交流为宗旨，每个工作日与用户分享科学网博客精选文章，所发布文章多次登上科技类微信排行榜，在"科技创业-中国微信公号100强"中居于前列，截至目前，拥有用户20万人。科学网官方微博于2010年上线，已成功招募105万粉丝，影响力与日俱增。

科学网拥有丰富的跨国企业合作经验，与爱思唯尔、汤森路透、施普林格、威利等知名学术出版机构均有长期合作，与美国科学促进会、盖茨基金会、奥林巴斯、理文编辑等企业及机构保持良好的合作关系。

五、《科学新闻》

《科学新闻》杂志创刊于1999年，2009年全新改版，由中国科学院主管、中国科学报社主办，是中国第一份服务于科学界核心人群的新闻杂志。

目前，《科学新闻》杂志的读者覆盖全部"两院"院士、部委科技管理者、大学校长等教育科研管理者、部分"千人计划"入选者、主流科学家在内的万余人。

《科学新闻》杂志定位于为中国职业科学家与科研管理者量身打造的高端读物，以全球视角解读国内外科技界重大新闻事件，预测中国未来科技发展趋势，汇聚全球科技精英思想，提供科研、实验、前沿、资讯、深度、文化、职场、生活等全方位的服务。《科学新闻》杂志的目标是做中国最具权威性、最有影响力的科技新闻期刊。

多年来，《科学新闻》杂志用社会化的视角报道科学，用人文化的情怀服务职业科学家群体，用专业化的手法剖析重大科学事件以及科学界在重大公共事件中的角色和价值。做最贴近科学家的报道，提供各类专业科研工作者感兴趣的共性内容，分为资讯天下、封面文章、学界新闻、《科学》特供四大板块。

其中"资讯天下"板块的内容涵盖世界知名科学类期刊的要闻摘要、科技界知名学者的精彩言论、科技界本月新闻简讯、好书推荐、炫酷创意产品大全和沿途驿站。

"封面文章"板块具体内容涵盖科技界焦点新闻剖析、重大事件的科技角度解读、最新科研政策分析及重大科研成果的追踪等。

"学界新闻"板块内容涵盖农业、医药、环保、能源、生物、天文、计算机等领域，走进诺贝尔奖、院所前沿、高校科研、科学普及、实验室故事和特别报道等栏目。

"《科学》特供"板块具体内容涵盖科学·职业、科学·生命、科学·职场生涯等。这个板块的内容由美国《科学》期刊专供《科学新闻》。

《科学新闻》杂志除刊物出版外，还承担中国科学报社国际合作项目的部分执行工作。2013年，《科学新闻》与美国《科学》期刊进行战略合作，成为《科学》在中国的内容特供伙伴。每期《科学》期刊为《科学新闻》提供6篇有关生命领域和职场领域的相关稿件，经过《科学新闻》编译后在当期杂志上刊登。与《科学》的内容合作为我国科研人员了解世界生命科学最新进展打开了一扇窗口，也成为中美科学文化传播的桥梁。

2014年，中国科学报社与美国细胞出版社（Cell Press）首度牵手，将目光瞄准在生命科学和医学领域不断突破自我的中国作者。作为合作的执行部门，《科学新闻》成功出版了首期"中国科学家与Cell Press"特刊，收录了2014年度发表在《细胞》及其子刊的中国作者的107篇论文，并评选出"细胞出版社中国年度论文"和"细胞出版社中国年度机构"，得到了广大作者与读者的欢迎与肯定。与美国细胞出版社的此项国际合作一直延续。2016年、2017年，在原有"中国科学家与Cell Press"特刊合作和年度论文、年度机构评选的基础上，"中国科学家与Cell Press"系列活动又增加了前沿论坛和医学论坛。4年来，"中国科学家与 Cell Press" 这一品牌逐渐受到中国科学家的认可。

《科学新闻》杂志印刷版全年 12 期，每月 25 日出版，每期重大新闻和独家内容报道量达 96 页，全彩色印刷，并配以珍贵图片。杂志电子版最大限度地保留了纸媒杂志的优势：精美的排版、高质量的文章和图片，能够带给读者熟悉的阅读体验。

自创刊以来，《科学新闻》杂志作为中国科学报社的主要新闻产品之一，始终坚持脚踏实地、追求卓越的理念，在对新闻理想与新闻道德的坚守中，用一篇篇扎实的报道赢得了读者的认可与关注。

六、中国科学报社新媒体中心

中国科学报社新媒体中心成立于 2015 年 1 月，负责中国科学报官方微博、微信公众号等新媒体账号的运维工作。

（一）中国科学报社新媒体账号

中国科学报社目前开设的新媒体账号有微信公众号、微博、一点资讯上的一点号、今日头条上的头条号、腾讯内容开放平台上的企鹅号及网易号等。

1. 中国科学报微博

2011 年 10 月 25 日开设，2012 年 4 月 10 日发布第一条微博，截至 2017 年 12 月 30 日，累计发布 27 157 条。粉丝 15.1 万，以 18～34 岁为主，男性多于女性。粉丝分布最多的 5 个省市分别是广东省（9.4%）、北京市（7.2%）、江苏省（4.1%）、山东省（3.6%）、浙江省（3.5%）。

2. 中国科学报微信公众号

2013 年 12 月 27 日上线，截至 2017 年 12 月 30 日，用户达到 15.88 万，其中男性用户占 58.00%。用户分布最多的 5 个省（市）分别是北京市、广东省、江苏省、上海市和山东省，占全部用户的 40.7%；用户分布最多的 5 个城市分别是北京、上海、广州、西安和南京，占全部用户的 31.39%。

3. 中国科学报头条号

2015年1月开通，截至2017年12月30日，粉丝5.9万，其中女性用户9.11%，男性用户 90.89%。用户分布最多的5个省（市）分别是：北京（8.76%）、广东（7.78%）、山东（7.57%）、江苏（7.24%）、湖北（6.16%）。18～30岁用户占到85.69%。累计阅读量339万。

4. 中国科学报一点号

2016年4月开通，主要同步微信内容，截至2017年12月30日，共发文1597篇，总推荐数5101.23万，总阅读量188.16万，总订阅量3.04万，18～39岁用户占到78%。用户地域分布为，华东（29%）、华北（16%）、华南（16%）、西南（14%）、华中（13%）、西北（7%）、东北（5%）。

5. 中国科学报企鹅号

2016年4月开通，主要同步微信内容，目前总阅读量6.1万。

6. 中国科学报网易号

2016年7月开通，主要同步微信内容，截至2017年12月31日，共发布1259条内容。

（二）中国科学报微信公众号

中国科学报微信公众号立足于科教领域，以高等院校、科研院所的青年教师，博士、硕士研究生等一线科研人员为主要服务对象，依托科学网和《中国科学报》的丰富资源，利用"名人"效应，将一批教授、学者等科研领军人物的科研经验及所感所悟与用户分享，并网罗学术圈新鲜趣闻，增添用户阅读的趣味性。同时围绕科研相关主题，聚焦学术重大事件，关注基金、师生关系、项目申请、论文写作与发表等学术领域关键词，及时发布国家出台的相关科研政策，专家学者的政策解读，为用户提供最新、最快的科研资讯、观点与方法论等信息，将用户最感兴趣的话题，以图文结合形式进行传播，是一个分享科研及生活中烦恼和快乐的独特交流平台。

中国科学报社官方微信公众号的文章来源包括中国科学报文章、科学网博客、其他媒体的相关报道以及一些宣传文章，并对这些内容尽可能进行符合新媒体传播规律的改编。发布的内容主要包括科研经验分享、重要科研进展、热点事件的专业解读、科教政策分析解读、主管主办单位的官方活动及报社的活动。

（三）中国科学报微博

中国科学报微博定位于传播科学，传播的内容包括科学新闻、科教领域研究新发现、新探索、科研任务等。以科教界重大事件为焦点，以发布国际科学前沿领域的信息为特色，服务于粉丝对最新科学探索和发现的认识和了解，主要面向社会大众中对科学感兴趣的群体。

发布内容主要包括六个方面：①推广报社新闻产品，直接发布报纸报道、科学网博文，报社举办的相关活动信息。②热点新闻。③科技界重要活动。④科技界高层的重要讲话、文章。⑤主办单位重要政策、资讯。⑥科普话题。

附录二　几大科技部门介绍

一、中国科学院

中国科学院成立于 1949 年 11 月，是中国自然科学最高学术机构、科学技术最高咨询机构、自然科学与高技术综合研究发展中心，也是《中国科学报》的主管单位。

中国科学院集科研院所、学部、教育机构于一体，共拥有 12 个分院、100 多家科研院所、3 所大学（与上海市共建上海科技大学）、130 多个国家级重点实验室和工程中心、210 多个野外观测台站，承担 20 余项国家重大科技基础设施的建设与运行。建成了完整的自然科学学科体系，物理、化学、材料科学、数学、环境与生态学、地球科学等学科整体水平已进入世界先进行列，一些领域方向也具备了进入世界第一方阵的良好态势。

中国科学院学部是国家在科学技术方面的最高咨询机构，负责对国家科学技术发展规划、计划和重大科学技术决策提供咨询，对国家经济建设和社会发展中的重大科学技术问题提出研究报告，对学科发展战略和中长期目标提出建议，对重要研究领域和研究机构的学术问题进行评议和指导。中国科学院院士从全国最优秀的科学家中选出，每两年增选一次。全体院士大会是学部的最高组织形式，学部主席团是院士大会闭会期间的常设领导机构，由中国科学院院长担任学部主席团执行主席。现设有数学物理学部、化学部、生命科学和医学部、地学部、信息技术科学部和技术科学部六个学部。截至 2017 年 11 月，中国科学院共有院士 800 人、外籍院士 92 人，已故院士 569 人、已故外籍院士 22 人。

网　　址：http://www.cas.cn/
地　　址：北京市三里河路 52 号
邮政编码：100864
电　　话：010-68597114（总机），010-68597289（值班室）
邮　　箱：casweb@cashq.ac.cn

二、中国工程院

中国工程院于 1994 年 6 月 3 日在北京成立，是中国工程技术界最高荣誉性、咨询性学术机构，国务院直属事业单位，是《中国科学报》的主办单位之一。

组织院士开展战略咨询研究，为国家决策提供支撑服务，是中国工程院的主要职能和中心工作之一，是建设国家工程科技思想库的核心。中国工程院组织开展的战略咨询研究，主要结合国民经济和社会发展规划、计划，组织研究工程科学技术领域的重大、关键性问题，接受政府、地方、行业等的委托，对重大工程科学技术发展规划、计划、方案及其实施等提供咨询意见。

中国工程院其他主要职责还包括：促进全国工程科学技术界的团结与合作，推动我国工程科学技术水平不断提高和工程科学技术队伍建设，激励优秀人才成长；组织开展工程科学技术领域的学术交流与合作，代表中国工程科学技术界参加相应的国际组织和有关国际学术活动；弘扬科学精神，传播科学思想，倡导先进科学文化，维护科学道德尊严，普及科学技术知识。

截至 2017 年 11 月，中国工程院共有院士 877 人、外籍院士 66 人，已故院士 193 人、已故外籍院士 16 人，建有 6 个专门委员会、9 个学部。

网　　址：http://www.cae.cn/
地　　址：北京市西城区冰窖口胡同 2 号
邮政编码：100088
电　　话：010-59300000
传　　真：010-59300001
邮　　箱：bgt@cae.cn

三、中国科学技术协会

中国科学技术协会（简称中国科协），是中国共产党领导下的人民团体，是中国科技工作者的统一组织，也是《中国科学报》的主办单位之一。1958 年 9 月，经党中央批准，中华全国自然科学专门学会联合会（简称全国科联）和中华全国科学技术普及协会（简称全国科普）合并，正式成立中国科学技术协会。

中国科协由全国学会、协会、研究会（以下简称学会）和地方科协组成。地方科协由同级学会和下一级科协及基层组织组成。组织系统横向跨越绝大部分自然科学学科和大部分产业部门，是一个具有较大覆盖面的网络型组织体系。

目前，中国科协所属全国学会210个，地方科协3141个。中国科协机关设有办公厅、计划财务部、组织人事部、调研宣传部、学会学术部（企业工作办公室）、科学技术普及部、国际联络部、机关党委、机关离退休干部办公室等部门，直属单位设有创新战略研究院、中国科普研究所、学会服务中心、信息中心、中国科学技术馆、青少年科技中心、企业创新服务中心等。

中国科协实行全国代表大会（五年召开一次）、全国委员会（每年召开会议一次）、常务委员会（每季度召开会议一次）领导制度。常务委员会设置组织建设专门委员会、学术交流专门委员会等11个专门委员会，协助审议需经常务委员会审定的有关事项。常务委员会下设书记处，书记处在常务委员会领导下主持中国科协的日常工作。

网　　　址：http://www.cast.org.cn/

地　　　址：北京市海淀区复兴路3号

邮政编码：100863

电　　　话：010-68571875

四、国家自然科学基金委员会

国家自然科学基金委员会是管理国家自然科学基金的事业单位，归科学技术部管理。

自然科学基金坚持支持基础研究，逐渐形成和发展了包括探索、人才、工具、融合四大系列组成的资助格局。探索系列主要包括面上项目、重点项目、应急管理项目等；人才系列主要包括青年科学基金、地区科学基金、优秀青年科学基金、国家杰出青年科学基金、创新研究群体、海外及港澳优秀学者项目、外国青年学者研究基金等；工具系列主要包括国家重大科研仪器研制项目、相关基础数据与共享资源平台建设等；融合系列主要包括重大项目、重大研究计划、联合基金项目、国际合作项目、科学中心项目等。着眼国家创新驱动发展战略全局，国家自然科学基金委员会统筹实施各类项目资助计划，不断增强资助计划的系统性和协同性，努力提升资助管理效能。随着国家财政对基础研究的投入不断增长，自然科学基金项目资助强度稳步提高，推动我国基础研究创新环境不断优化。

网　　　址：http://www.nsfc.gov.cn/
地　　　址：北京市海淀区双清路 83 号
邮政编码：100085
电　　　话：010-62317474

五、中华人民共和国科学技术部

中华人民共和国科学技术部是国务院组成机构，主要职能为牵头拟订科技发展规划和方针、政策，起草有关法律法规草案，制定部门规章，并组织实施和监督检查；负责组织制订国家重点基础研究计划、高技术研究发展计划和科技支撑计划，负责统筹协调基础研究、前沿技术研究、重大社会公益性技术研究及关键技术、共性技术研究，牵头组织国民经济与社会发展重要领域的重大关键技术攻关；会同有关部门组织科技重大专项实施中的方案论证、综合平衡、评估验收和制定相关配套政策，对科技重大专项实施中的重大调整提出意见。

科技部内设机构包括办公厅、政策法规与监督司（创新体系建设办公室）、创新发展司、资源配置与管理司、重大专项办公室、基础研究司、高新技术发展及产业化司、农村科技司、社会发展科技司、国际合作司（港澳台办公室）等。

科技部直属事业单位包括国家科学技术奖励工作办公室、中国科学技术信息研究所、科学技术部科技人才交流开发服务中心、中国农村技术开发中心、科学技术部火炬高技术产业开发中心、中国技术市场管理促进中心、科学技术部科技型中小企业技术创新基金管理中心、中国生物技术发展中心、科学技术部高技术研究发展中心、国家遥感中心等。

网　　址：http://www.most.gov.cn/

地　　址：北京市复兴路乙 15 号

邮政编码：100862

电　　话：010-58881800

六、国家国防科技工业局

国家国防科技工业局作为主管国防科技工业的行政管理机关，其主要职责为：①研究拟定国防科技工业和军转民发展的方针、政策和法律、法规；制定国防科技工业及行业管理规章。②组织研究和实施国防科技工业体制改革；组织军工企事业单位实施战略性重组；组织国防科技工业的结构、布局、能力调整、企业集团发展和企业改革工作。③研究制定国防科技工业的发展规划、结构布局、总体目标；组织编制国防科技工业建设、军转民规划和行业发展规划。④组织管理国防科技工业质量、安全、计量、标准、统计、档案、重大科研及其推广等。

探月工程、高分辨率对地观测系统等重大科技工程的新闻由国家国防科技工业局发布。

国家国防科技工业局局属单位包括核技术支持中心、军工项目审核中心、协作配套中心、核应急响应技术支持中心、探月与航天工程中心、西南核设施安全中心、军工保密资格审查认证中心、重大专项工程中心、国家核安保技术中心等。

网　　址：http://www.sastind.gov.cn/

地　　址：北京市海淀区阜成路甲 8 号

邮政编码：100048

邮　　箱：webmaster@sastind.gov.cn

七、中国气象局

中国气象局是国务院直属事业单位，承担全国气象工作的政府行政管理职能，负责全国气象工作的组织管理。全国气象部门实行统一领导，分级管理，气象部门与地方人民政府双重领导，以气象部门领导为主的管理体制。

中国气象局拥有中国气象科学研究院、中国气象局北京城市气象研究所、中国气象局沈阳大气环境研究所、中国气象局武汉暴雨研究所、中国气象局上海台风研究所、中国气象局广州热带海洋气象研究所、中国气象局成都高原气象研究所、中国气象局兰州干旱气象研究所、中国气象局乌鲁木齐沙漠气象研究所等9个国家级科研院所。2004年，科技部批准中国气象局成立灾害天气国家重点实验室。

中国气象局内设机构包括应急减灾与公共服务司、预报与网络司、综合观测司、科技与气候变化司等。主要直属单位包括国家气象中心（中央气象台）、国家气候中心、国家卫星气象中心（国家空间天气监测预警中心）、国家气象信息中心、气象探测中心、公共气象服务中心、中国气象科学研究院、气象宣传与科普中心、中国气象报社、气象出版社、气象学会秘书处、华风气象传媒集团有限责任公司、中国华云气象科技集团公司等。

网　　址：http://www.cma.gov.cn/

地　　址：北京市海淀区中关村南大街46号

邮政编码：100081

电　　话：010-68406114（查号台）

八、中国地震局

中国地震局是管理全国地震工作、经国务院授权承担《中华人民共和国防震减灾法》赋予的行政执法职责的国务院直属事业单位。

其主要职能包括：①拟定国家防震减灾工作的发展战略、方针政策、法律法规和地震行业标准并组织实施。②组织编制国家防震减灾规划；拟定国家破坏性地震应急预案；建立破坏性地震应急预案备案制度；指导全国地震灾害预测和预防；研究提出地震灾区重建防震规划的意见。③制定全国地震烈度区划图或地震动参数区划图；管理重大建设工程和可能发生严重次生灾害的建设工程的地震安全性评价工作，审定地震安全性评价结果，确定抗震设防要求。④依照《中华人民共和国防震减灾法》的规定，监督检查防震减灾的有关工作等。

中国地震局内设科学技术司、监测预报司、震害防御司、震灾应急救援司等机构。

网　　址：http://www.cea.gov.cn/

地　　址：北京市西城区三里河南横街 5 号

邮政编码：100045

邮　　箱：wzbj@cea.gov.cn

九、中国农业科学院

中国农业科学院成立于 1957 年，是国家综合性农业科研机构，担负着全国农业重大基础与应用基础研究、应用研究和高新技术研究的任务，致力于解决我国农业及农村经济发展中基础性、方向性、全局性、关键性的重大科技问题，在推动农业科技创新、服务地方经济、培养高层次科研人才、促进国际科技交流合作等方面发挥重要作用。

目前，中国农业科学院有 34 个直属研究所与 9 个共建研究所、超万名职工，是在国际上有重要影响力的国家级综合性农业科研机构。形成了作物、园艺、畜牧、兽医、资源与环境、工程与机械、质量安全与加工、信息与经济等 8 个学科集群、130 多个学科领域、300 多个研究方向的学科体系。

网　　址：http://www.caas.net.cn/

地　　址：北京市海淀区中关村南大街 12 号

邮政编码：100081

电　　话：010-82109398

附录三　部分科研机构介绍

一、国家发展和改革委员会能源研究所

能源研究所隶属于国家发展和改革委员会，成立于 1980 年，由国家发展和改革委员会宏观经济研究院归口管理。能源研究所是综合研究中国能源问题的国家级研究机构，以国家宏观能源经济与区域能源经济、能源产业发展、能源技术政策、能源供需预测、能源安全、能源与环境、节能与提高能源效率、可再生能源和替代能源发展等与经济社会发展相关的能源经济问题为主要研究方向。

能源研究所设有 5 个专业研究中心、CDM 项目管理中心、科研和国际合作处等机构。另有《中国能源》（中国唯一的综合能源刊物）杂志社和从事新能源技术研发的北京计科能源新技术开发公司两个附属单位。

网　　址：http://www.eri.org.cn/
地　　址：北京市西城区木樨地北里甲 11 号国宏大厦 B 座 14～15 层
邮政编码：100038
电　　话：010-63908576

二、中国信息通信研究院

中国信息通信研究院始建于 1957 年，是工业和信息化部直属的科研事业单位。中国信息通信研究院下设政策与经济研究所、技术与标准研究所、产业与规划研究所、云计算与大数据研究所、信息化与工业化融合研究所、安全研究所、泰尔系统实验室、泰尔终端实验室、泰尔认证研究所、信息通信工程定额质监中心等业务部门；同时设有电信设备认证中心、电信用户申诉受理中心、信息通信业务受理中心 3 个部属中心，南方分院、华东分院、西部分院、智慧城市研究院（广州）4 个分院。

中国信息通信研究院的核心业务包括决策支撑、试验平台、测试认证、咨询、监管支撑服务等方面。其中，决策支撑部分主要聚集信息通信及信息化与工业化融合领域的研究、支撑服务，试验平台旨在搭建决策研究、标准化、知识产权、

试验验证、应用示范、产业推进等公共服务平台。

网　　址：http://www.caict.ac.cn/
地　　址：北京市海淀区花园北路 52 号
邮政编码：100191
电　　话：010-62301618

三、中国地质科学院

中国地质科学院 1956 年建院，是我国地质专业齐全、规模最大、技术力量雄厚的社会公益类地学科研机构。目前从事的地质研究领域包括基础地质、矿产地质、水文地质、工程地质、岩溶地质、环境地质、深部探测、物化探勘查技术、岩矿测试技术、矿产资源综合利用技术等。

中国地质科学院现由院部和地质研究所、矿产资源研究所、地质力学研究所、水文地质环境地质研究所、地球物理地球化学勘查研究所、岩溶地质研究所、国家地质实验测试中心等 8 个单位组成。先后建立 2 个国际研究中心、3 个国家级平台，拥有一批部级实验室、科普基地、检测中心、野外观测基地等创新平台，正在建设中国地质科学院京区地质科研实验基地。

网　　址：http://www.cags.ac.cn/
地　　址：北京市西城区百万庄大街 26 号
邮政编码：100037
电　　话：010-68335853
邮　　箱：yuanzhijie@cags.ac.cn

四、中国环境科学研究院

中国环境科学研究院成立于 1978 年 12 月 31 日，隶属中华人民共和国生态环境部，主要致力于为国家经济社会发展和环境决策提供战略性、前瞻性和全局性的科技支撑，服务于经济社会发展中重大环境问题的工程技术与咨询需要。

中国环境科学研究院现有 7 个研究所和 10 个中心，包括大气环境所、大气重污染成因与应急技术中心、水环境研究所、生态所、环境工程技术研究所、环境安全研究中心、清洁生产与循环经济研究中心等。拥有1个国家重点实验室、7个国家环境保护重点实验室。

网　　址：http://www.craes.cn/
地　　址：北京市朝阳区安外北苑大羊坊8号
邮政编码：100012
电　　话：010-84915163

五、中国水利水电科学研究院

中国水利水电科学研究院隶属中华人民共和国水利部，是从事水利水电科学研究的国家级社会公益性科研机构。院本部由位于北京市海淀区复兴路甲1号（南院）、车公庄西路20号（北院）、大兴试验基地和延庆试验基地组成。京外有位于呼和浩特市的牧区水利科学研究所和天津市的水利电力机电研究所。

研究院现有13个非营利研究所、4个科技企业、1个综合事业部和1个后勤企业，拥有4个国家级研究中心、8个部级研究中心、1个国家重点实验室、2个部级重点实验室。研究领域覆盖水文水资源、水环境与生态、防洪抗旱与减灾、泥沙与水土保持、农村水利、水力学、岩土工程、水工结构与材料、工程抗震等18个学科、93个专业方向。

网　　址：http://www.iwhr.com/zgskyww/index.htm
地　　址：北京市复兴路甲一号
邮政编码：100038
电　　话：010-68786281

六、中国检验检疫科学研究院

中国检验检疫科学研究院是国家设立的公益性检验检疫研究机构，主要任务是开展检验检疫应用研究和相关基础、高新技术和软科学研究，着重解决检验检疫工作中带有全局性、综合性、关键性、突发性、基础性的科学技术问题，为国家检验检疫决策和检验检疫执法把关提供技术支持，为质量安全科普教育及社会实践培训提供社会服务。

中国检验检疫科学研究院现有4个院区，包括亦庄院区、高碑店院区、河北燕郊成果转化基地、双桥院区。中国检验检疫科学研究院内设食品安全研究所、植物检疫研究所、动物检疫研究所、卫生检疫研究所等8个专业研究机构和综合检测中心、测试评价中心、化妆品技术中心、检验检疫技术培训中心等7个技术支持机构，主办有《植物检疫》《检验检疫学刊》《中国国境卫生检疫杂志》3本学术杂志。

网　　址：http://www.caiq.org.cn/
地　　址：北京市亦庄经济技术开发区荣华南路11号
邮政编码：100176
电　　话：010-53897114
传　　真：010-53897676
邮　　箱：webmaster@caiq.gov.cn

七、国家体育总局体育科学研究所

国家体育总局体育科学研究所创建于1958年，是国家体育总局直属、科技部保留和发展的国家级、多学科、综合性的社会公益类体育科研事业单位。

国家体育总局体育科学研究所现有群众体育研究中心、竞技体育研究中心、运动生物科学研究中心、体育社会科学研究中心、体育工程研究中心、运动健康与恢复研究中心、青少年体育研究与发展中心7个研究中心和1个综合测试与实验中心，拥有"运动训练监控重点实验室"和"运动心理重点实验室"2个国家体育总局重点实验室。

国家国民体质监测中心、中国体育科学学会的日常办事机构挂靠在国家体育总局体育科学研究所。另外，中国体育科学学会体质研究分会、运动生物力学分会、生理生化分会和体育仪器器材分会也挂靠在这里。

网　　址：http://www.ciss.cn/
地　　址：北京市东城区体育馆路11号

邮政编码：100061
电　　话：010-87182527
传　　真：010-87182600

八、中国安全生产科学研究院

中国安全生产科学研究院设有安全生产理论与法规标准研究所、公共安全研究所、危险化学品安全技术研究所、矿山安全技术研究所、职业危害研究所、交通安全研究所等8个研究所，重大危险源监控与事故调查分析鉴定技术中心、安全评价中心等6个中心。

中国安全生产科学研究院承担建设了"非煤矿山安全生产技术支撑中心"和"作业场所职业危害监管技术支撑中心"两个国家级专业中心和8个实验室；建设了中日合作呼吸防护实验室和安全工程技术试验与研发基地（一期）非煤矿山基地，该基地建有我国最长的一条非煤矿山试验巷道，可以进行矿井火灾、爆炸、透水、人机工效等实验和电气设备性能测试。

网　　址：http://www.chinasafety.ac.cn/
地　　址：北京市朝阳区北苑路32号院甲1号楼安全大厦
邮政编码：100012
电　　话：010-84911329

九、中国食品药品检定研究院

中国食品药品检定研究院是国家食品药品监督管理局的直属事业单位，是国家检验药品生物制品质量的法定机构和最高技术仲裁机构，依法承担实施药品、生物制品、医疗器械、食品、保健食品、化妆品、实验动物、包装材料等多领域产品的审批注册检验、进口检验、监督检验、安全评价及生物制品批签发，负责国家药品、医疗器械标准物质和生产检定用菌毒种的研究、分发和管理，开展相关技术研究工作。

中国食品药品检定研究院设有食品检定所、中药民族药检定所、化学药品鉴定所、生物制品鉴定所、化妆品鉴定所、医疗器械检定所等11个研究所，技术监督中心、标准物质与标准化管理中心、仿制药质量研究中心等 5 个研究中心。

网　　址：http://www.nicpbp.org.cn/CL0001/

地　　址：北京市天坛西里2号

邮政编码：100050

电　　话：010-67095114

传　　真：010-67018094

十、中国林业科学研究院

中国林业科学研究院是国家林业局直属的综合性、多学科、社会公益型国家级科研机构，主要从事林业应用基础研究、战略高技术研究、社会重大公益性研究、技术开发研究和软科学研究，着重解决我国林业发展和生态建设中带有全局性、综合性、关键性和基础性的重大科技问题。

目前，全院设有19个独立法人研究所、中心，13个非独立法人机构，22个共建机构，构成了布局合理、体系完整、实力雄厚的国家级林业科技创新体系。

按气候带部署有林业研究所、亚热带林业研究所、热带林业研究所三个研究所及热带、亚热带、沙漠和华北四个林业实验中心；设有森林生态环境与保护、资源信息、资源昆虫、新技术、科技信息、木材工业、林产化学工业、林业机械9个专门研究机构；针对泡桐及经济林、桉树、竹子等中国特有或重要树种建立了泡桐、桉树和竹子三个研究开发中心。根据三大系统一个多样性要求，组建了荒漠化所、湿地所和盐碱地研究开发中心。

网　　址：http://www.caf.ac.cn/

地　　址：北京市海淀区颐和园后香山路东小府1号

邮政编码：100091

电　　话：010-62889013

十一、中国建筑科学研究院

中国建筑科学研究院成立于 1953 年，是全国建筑行业最大的综合性研究和开发机构。

中国建筑科学研究院现有建设部供热质量监督检验中心、建设部防灾研究中心、建筑行业生产力促进中心等 6 个部级中心，拥有绿色建材评价中心、建筑结构研究所、地基基础研究所、建筑机械化研究分院、建筑防火研究所、建筑环境与节能研究院、建筑设计院等 12 个研究机构。

中国建筑科学研究院的科研及业务工作涵盖建筑结构、地基基础、工程抗震、城市规划、建筑设计、建筑环境与节能、建筑软件、建筑机械化、建筑防火、施工技术、建筑材料等专业中的 70 个研究领域。近年来又加强了绿色建筑成套技术、新能源应用技术、防灾减灾技术以及智能化集成技术等研究与开发。

网　　址：http://www.cabr.com.cn/
地　　址：北京市北三环东路 30 号
邮政编码：100013
电　　话：010-64517000

十二、中国建筑材料科学研究总院

中国建筑材料科学研究总院成立于 1988 年 1 月 1 日，是国内建筑材料与无机非金属新材料专业最大的综合型研究机构和技术开发中心。

中国建筑材料科学研究总院拥有玻璃深加工和树脂基复合材料 2 个国家级工程技术研究中心、10 个省部市级工程技术研究中心和 1 个玻璃工业节能技术国家地方联合工程研究中心；拥有绿色建筑材料、浮法玻璃新技术 2 个国家重点实验室和 5 个省部级重点实验室；拥有国际材料技术促进中心、中国玻璃发展中心和中国墙体屋面材料发展中心等 6 个联合国工发组织和 6 个省部级生产力促进中心、技术转移和技术服务中心。

研究领域涵盖水泥、混凝土与新型建筑材料、玻璃与特种玻璃、陶瓷、耐火材料与新材料等建材行业主流领域，业务贯穿基础理论研究、技术开发与服务、标准制定与检验认证、实验仪器与生产装备制造、工程设计与总承包全过程。

网　　　址：http://www.cbma.com.cn/

地　　　址：北京市朝阳区管庄东里1号

邮政编码：100024

电　　　话：010-51167297

十三、中国电力科学研究院

中国电力科学研究院成立于1951年，是国家电网公司直属科研单位，是中国电力行业多学科、综合性的科研机构。主要从事超/特高压交直流输变电技术、电网规划分析及安全控制技术、输变电工程设计与施工技术、配用电技术及新能源、新材料、电力电子、信息与通信、能效测评及节能等技术的研究，研究范围涵盖电力科学及其相关领域的各个方面。

中国电力科学研究院拥有16个业务部门，包括电力系统研究所、高电压研究所、电力自动化研究所、继电保护研究所、输变电工程研究所、新能源研究中心等。拥有国家电网公司特高压交流试验基地、特高压直流试验基地、西藏高海拔试验基地、特高压杆塔试验基地、国家电网仿真中心、国家电网计量中心，构建了目前世界上功能最完整、试验能力最强、技术水平最高的特高压、大电网试验研究体系。

网　　　址：http://www.epri.sgcc.com.cn/

地　　　址：北京市海淀区清河小营东路15号

邮政编码：100192

电　　　话：010-82812114

十四、机械科学研究总院

机械科学研究总院是国务院国资委直接监管的中央大型科技企业集团，始建于1956年，是中央企业中唯一从事装备制造业基础共性技术研究为主业的单位。

机械科学研究总院研发领域主要涉及先进制造技术、制造业信息化技术、机电一体化高新技术、新材料及工程应用技术四个方面。拥有 16 家全资及控股子企业（公司），实行母子公司式集团管理体制，下设标准化、产品检测、质量认证和管理咨询等若干个专业技术服务机构，能够提供从科研开发、装备制造到技术服务的综合性系统解决方案。

网　　　址：http://www.cam.com.cn/
地　　　址：中国北京市海淀区首体南路 2 号
邮政编码：100044
电　　　话：010-88301811

十五、中国铁道科学研究院

中国铁道科学研究院始建于 1950 年，是我国铁路唯一的多学科、多专业的综合性研究机构。

中国铁道科学研究院下设 17 个单位，包括机车车辆研究所、铁道建筑研究所、通信信号研究所、运输及经济研究所、金属及化学研究所、电子计算技术研究所等。院属全资公司 32 个、控股公司 7 个。

中国铁道科学研究院拥有亚洲唯一的国家环行铁道试验基地，高速铁路系统试验国家工程实验室、高速铁路轨道技术国家重点实验室等 5 个国家级实验室，装备有各类专业实验室 40 余个，实验装备 6991 台套。

网　　　址：http://www.rails.com.cn/
地　　　址：北京市海淀区大柳树 2 号
邮政编码：100081
电　　　话：010-51849150

附录四　部分大学介绍

一、北京大学

北京大学创办于 1898 年，是中国第一所国立综合性大学，1912 年改为现名。近年来，在"211 工程"和"985 工程"的支持下，北京大学在学科建设、人才培养、师资队伍建设、教学科研等各方面都取得了显著成绩，为将北京大学建设成为世界一流大学奠定了坚实的基础。

进入"双一流"名录后，北京大学提出"30+6+2"学科建设项目布局，即面向 2020 年，重点建设 30 个国内领先、国际一流的优势学科，推动部分学科进入世界一流前列，带动学校整体实力的提升；面向 2030 年，部署理学、信息与工程、人文、社会科学、经济与管理、医学 6 个综合交叉学科群，推动战略性、全局性、前瞻性问题研究，着力提升解决重大问题能力和原始创新能力；面向更长远的未来，在学校层面布局和建设以临床医学+X、区域与国别研究为代表的前沿和交叉学科领域，带动学科结构优化与调整，培育新的学科增长点。

网　　址：http://www.pku.edu.cn/
地　　址：北京市海淀区颐和园路 5 号
邮政编码：100871
电　　话：010-62752114

二、清华大学

清华大学的前身清华学堂始建于 1911 年，1912 年更名为清华学校。目前，清华大学共设 20 个学院、57 个系，已经成为一所具有理学、工学、文学、艺术学、历史学、哲学、经济学、管理学、法学、教育学和医学 11 个学科门类的综合性的研究型大学。

围绕"双一流"目标，清华大学将重点建设建筑、土木水利、核科学技术与安全、环境、计算机等 20 个学科群，并建设电气工程、力学、动力工程与工程热物理等 8 个具有较强竞争力的学科，以构成合理的学科梯队。

网　　址：http://www.tsinghua.edu.cn/publish/newthu/index.html
地　　址：北京市海淀区双清路 30 号
邮政编码：100084
电　　话：010-62793001

三、北京航空航天大学

北京航空航天大学成立于 1952 年，是新中国第一所航空航天高等学府，现隶属于工业和信息化部。截至 2017 年 10 月，有工学、理学、管理学、文学、法学、经济学、哲学、教育学、医学和艺术学 10 个学科门类。有 8 个一级学科国家重点学科（并列全国高校第 7 名）、28 个二级学科国家重点学科、9 个北京市重点学科、10 个国防特色学科。

立足"双一流"建设，北京航空航天大学依托自身优势和特色学科，瞄准国家战略需求和国际学术前沿，强化战略需求导向下的空天信深度融合，全力打造航空宇航等高峰学科；依托特色工科优势，理工结合，形成一批新兴交叉学科群；重点强化医工交叉、理工文综合，进一步优化学科布局，建成优势和特色相统一、传统和新兴相促进、应用和基础相结合、科技与人文相交融的世界一流大学学科体系。

网　　址：http://www.buaa.edu.cn/
地　　址：北京市海淀区学院路 37 号
邮政编码：100083
电　　话：82317114

四、北京师范大学

北京师范大学是教育部直属重点大学，是一所以教师教育、教育科学和文理基础学科为主要特色的学府。现有本科专业 64 个、硕士学位授权二级学科点 146 个、博士学位授权二级学科点 109 个、博士后流动站 25 个、博士学位授权一级学科 24 个、硕士学位授权一级学科 37 个。

北京师范大学提出了"创建世界一流、坚持中国特色、弘扬京师风范"三位一体的战略选择。在学科建设规划方面，分别实施"高峰计划"和"高原计划"，着力构筑基础学科、教育领域、优秀文化传承创新领域等6大学科群。

网　　址：http://www.bnu.edu.cn/

地　　址：北京市新街口外大街19号

邮政编码：100875

电　　话：010-58806183

五、北京理工大学

北京理工大学创立于1940年，是新中国第一所国防工业院校。学校现设有20个专业学院，拥有4个国家重点一级学科、5个国家重点二级学科、3个国家重点培育学科、18个博士后流动站、24个一级学科博士学位授权点、32个一级学科硕士学位授权点。

围绕"双一流"目标，学校将重点建设"5+3"个学科群。即"高效毁伤及防护"学科群、"新材料科学与技术"学科群、"复杂系统感知与控制"学科群、"运载装备与制造"学科群和"信息科学与技术"学科群5个学科群，以及"特色理科"学科群、"医工融合"学科群和"军民融合与创新发展"学科群3个学科群，从而形成"优势工科引领带动、特色理科融合推动、精品文科辅助联动、前沿交叉创新互动"的学科整体建设布局。

网　　址：http://www.bit.edu.cn/

地　　址：北京海淀区中关村南大街5号

邮政编码：100081

电　　话：010-68914247

六、哈尔滨工业大学

哈尔滨工业大学隶属于工业和信息化部，是一所以理工为主，理学、工学、管理学、文学、经济学、法学等多学科协调发展的国家重点大学。学校现有 9 个国家重点学科一级学科、6 个国家重点学科二级学科。

学校提出，到 2020 年显著提高人才培养、科学研究、社会服务和文化传承创新水平，打造 3~5 个世界一流的交叉创新科研平台，产生 3~5 项具有世界影响力的创新成果，5~7 个学科进入世界一流，2~3 个学科位居世界一流前列，学校进入世界一流大学行列，成为全球航天领域的学术重镇、国家创新驱动发展的策源地。

网　　址：http://www.hit.edu.cn/

地　　址：哈尔滨市南岗区西大直街 92 号

邮政编码：150001

电　　话：0451-86412114

七、南开大学

南开大学成立于 1919 年，是国家教育部直属重点综合性大学。学校有专业学院 24 个，学科门类覆盖文学、历史学、哲学、经济学、管理学、法学、理学、工学、农学、医学、教育学、艺术学等。有本科专业 80 个、博士学位授权一级学科 29 个、博士后科研流动站 28 个。有一级学科国家重点学科 6 个、二级学科国家重点学科 9 个、国家重点（培育）学科 2 个、一级学科天津市重点学科 27 个。

在建设世界一流大学的过程中，学校按照"率先冲击世界一流学科""巩固发展学科高原""新兴交叉学科与新增学科"三个层次进行建设，以化学、数学、统计与数据科学、材料科学与工程、历史学、经济学、工商管理等优势学科率先冲击世界一流学科。

网　　址：http://www.nankai.edu.cn/

地　　址：天津市卫津路 94 号

邮政编码：300071

电　　话：022-85358735

八、天津大学

天津大学始建于 1895 年 10 月 2 日，是教育部直属国家重点大学。学校形成了以工为主、理工结合，经济学、管理学、文学、法学、医学、教育学、艺术学、哲学等多学科协调发展的学科布局。现有 62 个本科专业、37 个一级学科硕士点、27 个一级学科博士点、23 个博士后科研流动站。

学校将坚持"强工、厚理、振文、兴医"的学科发展理念，系统推进顶尖学科、优势学科、潜力学科和学科交叉支撑平台建设；重点支持若干顶尖学科和优势学科达到世界一流水平，引导潜力学科进一步凝练方向。

网　　址：http://www.tju.edu.cn/
地　　址：天津市南开区卫津路 92 号
邮政编码：300072
电　　话：022-85356068

九、复旦大学

复旦大学创建于 1905 年，是中国人自主创办的第一所高等院校。复旦大学由中华人民共和国教育部直属，为中央直管副部级建制。学校现有一级学科国家重点学科 11 个、二级学科国家重点学科 19 个、国家重点（培育）学科 3 个、上海市重点学科 20 个、上海市医学重点学科 9 个。

入选"双一流"建设后，复旦大学提出，在 2020 年前，人文、社科、理科、医科主干学科保持国内最高水平，加快完成新工科学科布局，学科融合创新形成新兴学科门类；在 2030 年前，学科融合创新推动新兴学科门类形成新优势，多个学术研究领域享有国际盛誉，产出若干对人类进步有重要影响的学术成果，整体水平处于世界一流大学前列；到 21 世纪中叶，学校在育人、学术和文化等各领域具有全球卓越的声誉。

网　　址：http://www.fudan.edu.cn/2016/index.html
地　　址：上海市杨浦区邯郸路 220 号

邮政编码：200433

电　　话：021-65642222

十、上海交通大学

上海交通大学创办于 1896 年，是教育部直属并与上海市共建的全国重点大学。学校现有本科专业 64 个，涵盖经济学、法学、文学、理学、工学、农学、医学、管理学和艺术学 9 个学科门类；拥有一级学科博士学位授权点 38 个、一级学科硕士学位授权点 56 个。

学校提出，到 2020 年整体实力稳步进入世界百强，若干学科进入世界一流前列，若干学科方向进入世界十强；到 2030 年，整体实力进入世界一流大学前列，主干学科位列世界 30 强，若干学科方向具有世界领先地位，产生一批世界级的原创性研究成果；到 2050 年，全面建成世界一流大学。

网　　址：http://www.sjtu.edu.cn/

地　　址：上海市东川路 800 号

邮政编码：200240

电　　话：021-54740000

十一、同济大学

同济大学是教育部直属并与上海市共建的全国重点大学。学科设置涵盖工学、理学、医学、管理学、经济学、哲学、文学、法学、教育学、艺术学 10 个门类。

围绕建设世界一流大学的目标，同济大学确定了以一级学科为基础建设的建筑学、土木工程、测绘科学与技术、环境科学与工程、城乡规划学、风景园林学、设计学、海洋科学、交通运输工程 9 个学科，以多学科交叉为基础建设的医学与生命科学交叉学科领域、"微结构模型、功能与应用"交叉学科领域、智能技术与绿色制造交叉学科领域、国家创新发展与欧洲研究交叉学科领域。

网　　址：https://www.tongji.edu.cn/

地　　址：上海市四平路 1239 号

邮政编码：200092

电　　话：021-65982200

十二、浙江大学

浙江大学的前身求是书院创立于 1897 年，为中国人自己早期创办的新式高等学校之一。1928 年，定名为国立浙江大学。其学科涵盖哲学、经济学、法学、教育学、文学、历史学、艺术学、理学、工学、农学、医学、管理学 12 个门类。学校设有 7 个学部、36 个专业学院（系）、1 个工程师学院、2 个中外合作办学学院、7 家附属医院。拥有一级学科国家重点学科 14 个、二级学科国家重点学科 21 个。

网　　址：http://www.zju.edu.cn/

地　　址：浙江省杭州市西湖区余杭塘路 866 号

邮政编码：310058

电　　话：0571-87951111

十三、厦门大学

厦门大学由著名爱国华侨领袖陈嘉庚先生于 1921 年创办，是中国近代教育史上第一所华侨创办的大学。学校设有研究生院、6 个学部及 28 个学院（含 76 个系）和 14 个研究院，拥有 5 个一级学科国家重点学科、9 个二级学科国家重点学科、17 个一级学科福建省特色重点学科、46 个福建省一级学科重点学科。

围绕"双一流"大学建设目标，学校将围绕建设创新型省份、先进制造业大省、海洋经济强省、健康福建等重大战略，重点加强产业核心关键技术攻关，服务福建产业转型升级。

网　　址：https://www.xmu.edu.cn/

地　　址：福建省厦门市思明区思明南路 422 号

邮政编码：361005

电　　话：0592-2180000

十四、电子科技大学

电子科技大学是教育部直属、国家"985工程""211工程"重点建设大学。学校现有2个国家一级重点学科、2个国家重点（培育）学科；一级学科博士学位授权点15个、二级学科博士学位授权点52个；一级学科硕士学位授权点26个、二级硕士学位授权点70个。

电子科技大学确定的"双一流"建设目标为：到2020年，建成在电子信息领域具有世界一流水平、理工深度融合的研究型大学；到2030年，至少3个学科名列国内前茅，电子信息优势学科进入世界前列，学校初步进入世界一流大学行列；到21世纪中叶，至少5个学科名列国内前茅，更多优势学科进入世界前列，学校整体迈入世界一流大学行列。

网　　址：http://www.uestc.edu.cn/
地　　址：成都市高新区（西区）西源大道2006号
邮政编码：611731
电　　话：028-61831137

十五、西安交通大学

西安交通大学是教育部直属重点大学，其前身是1896年创建于上海的南洋公学，1921年改称交通大学。学校有本科专业87个，拥有28个一级学科、154个二级学科博士学位授权点，45个一级学科、242个二级学科硕士学位授权点，22个专业学位授权点。

围绕"双一流"目标，学校将打破传统一级学科框架，把学科分为工学、理学、医学、人文社科四大类建设。到2020年，工学整体达到世界一流水平，3～5个学科领域进入世界一流前列；理学1～2个学科方向进入世界一流前列，部分研究方向达到世界一流水平；医学，以解决西部人民生命健康问题为重点，使部分研究方向达到世界一流水平，形成鲜明的理工医紧密结合特色；人文社科，以服务国家"一带一路"战略为重点，使部分研究方向达到世界一流水平，学科特色鲜明。

网　　址：http://www.xjtu.edu.cn/
地　　址：陕西省西安市咸宁西路 28 号
邮政编码：710049
电　　话：029-82666874

十六、中国海洋大学

中国海洋大学是一所海洋和水产学科特色显著、学科门类齐全的教育部直属重点综合性大学。学校创建于 1924 年，2002 年更名为中国海洋大学。学校地球科学、植物学与动物学、工程技术、化学、材料科学、农学、生物学与生物化学、环境学与生态学、药理学与毒理学 9 个学科（领域）名列美国 ESI 全球科研机构排名前 1%。

入选"双一流"大学后，中国海洋大学提出，到 2020 年，海洋科学、水产两个学科将进入世界一流学科前列，基本建成国际知名、特色显著的高水平研究性大学。学校将重点建设海洋科学、水产科学与技术、海洋药物与食品、海洋开发工程与环境保护技术、海洋发展五个学科群。

网　　址：http://www.ouc.edu.cn/
地　　址：青岛市崂山区松岭路 238 号
邮政编码：266100
电　　话：0532-66782730

十七、中山大学

中山大学由孙中山先生创办，有着 100 多年的办学传统。作为教育部直属高校，通过部省共建，中山大学已经成为一所国内一流、国际知名的现代综合性大学。学校有 18 个学科领域进入 ESI 世界前 1%，学科领域数量位居国内高校并列第 2 位，其中有 14 个学科领域进入前 0.5%，2 个学科领域进入前 0.1%。

学校提出，到 2020 年，综合实力进入国内一流高校前列；到 2030 年，在主流大学排名居于世界前 100 名左右，主要可比办学指标接近或达到国际一流；到 21 世纪中叶，其综合实力将达到国际一流前列，在主流大学排名进入世界前 50，10 个左右学科进入世界一流前列。

网　　址：http://www.sysu.edu.cn/2012/cn/index.htm

地　　址：广州市新港西路 135 号

邮政编码：510275

电　　话：020-84112828

十八、华南理工大学

华南理工大学是教育部直属的全国重点大学，组建于 1952 年全国高等学校院系调整时期，1988 年改为现名。学校有化学、材料学、工程学、农业科学等 8 个学科进入国际 ESI 全球排名前 1%。

学校提出，到 2020 年，学校 4~6 个学科率先进入世界一流学科前列；到 2030 年，学校八成以上学科进入世界一流学科行列，初步建成世界一流大学；到 2050 年，学校将全面建成世界一流大学。

网　　址：http://www.scut.edu.cn/new/

地　　址：广州市天河区五山路 381 号

邮政编码：510641

电　　话：020-87110737

十九、四川大学

四川大学是教育部直属全国重点大学。学校起始于 1896 年创办的四川中西学堂，是西南地区最早的近代高等学校。学校现有博士学位授权一级学科 45 个、博士学位授权点 354 个、硕士学位授权点 438 个、专业学位授权点 32 个、本科专业 138 个、博士后流动站 37 个、国家重点学科 46 个、国家重点培育学科 4 个，是国家首批工程博士培养单位。

未来，四川大学提出将重点建设 12 个一流学科（群），重点打造"十个一流"

学科领域，努力建设具有"中国特色，川大风格"的世界一流大学。

网　　址：http://www.scu.edu.cn/

地　　址：成都市一环路南一段24号

邮政编码：610065

电　　话：028-85407983

二十、吉林大学

吉林大学始建于1946年，是教育部直属的全国重点综合性大学。学校有一级学科国家重点学科4个、二级学科国家重点学科15个、国家重点（培育）学科4个、一流大学与一流学科建设项目47个。

未来，吉林大学将努力建设数学、物理、化学等国际一流的基础学科，建设考古学、哲学、法学等一批具有国内代表性的人文社科学科，建设机械与仿生工程、材料科学与工程、电子科学与技术等新工学学科，建设地质资源和地质工程等特色学科，建设一流的前沿医学学科（群）。

网　　址：http://www.jlu.edu.cn/

地　　址：吉林省长春市前进大街2699号

邮政编码：130012

电　　话：0431-85167487

二十一、南京大学

南京大学的前身是创建于1902年的三江师范学堂，1950年更名为南京大学。学校有一级学科国家重点学科8个、二级学科国家重点学科13个、江苏高校优势学科建设工程二期项目立项学科与重点序列学科22个。

未来，南京大学将通过高峰学科建设计划、立德树人计划、卓越研究计划、一流队伍建设计划等高精尖发展计划，实现"双一流"建设目标，并在未来发展阶段实现基础研究向原创科研转型、国家"双创"示范基地建设、科研创新平台三个方面的突破。

网　　址：https://www.nju.edu.cn/
地　　址：南京栖霞区仙林大道 163 号
邮政编码：210023
电　　话：025-89683186

二十二、中国农业大学

学校前身源于 1905 年成立的京师大学堂农科大学，1995 年 9 月合并成立中国农业大学。学校拥有 15 个博士后流动站、20 个博士学位授权一级学科、95 个博士学位授权点、29 个硕士学位授权一级学科、144 个硕士学位授权点、9 个专业学位类型、33 个专业学位领域。

目前，中国农业大学有 9 个学科进入"双一流"建设学科名单，分别为生物学、农业工程、食品科学与工程、作物学、农业资源与环境、植物保护、畜牧学、兽医学、草学。

网　　址：http://www.cau.edu.cn/
地　　址：北京市海淀区清华东路 17 号
邮政编码：100083
电　　话：010-62736504

二十三、中国科学技术大学

中国科学技术大学于 1958 年 9 月创建于北京，是中国科学院所属的一所以前沿科学和高新技术为主、兼有特色管理和人文学科的综合性全国重点大学。1970 年年初，学校迁至安徽省合肥市，开始了第二次创业。学校现有 8 个一级学科国家重点学科、4 个二级学科国家重点学科、2 个国家重点培育学科、18 个安徽省一级学科重点学科。

目前，学校有 11 个学科入选世界一流学科建设名单，分别为数学、物理学、化学、天文学、地球物理学、生物学、科学技术史、材料科学与工程、计算机科学与技术、核科学与技术、安全科学与工程。

网　　　址：http://www.ustc.edu.cn/
地　　　址：安徽省合肥市金寨路 96 号
邮政编码：230026
电　　　话：0551-63602184

二十四、中国科学院大学

中国科学院大学的前身是中国科学院研究生院，成立于 1978 年，是一所以研究生教育为主的科教融合、独具特色的高等学校。学校拥有博士学位授权一级学科点 40 个、硕士学位授权一级学科点 54 个。此外，中国科学院大学还拥有工程、工商管理、金融、应用统计、应用心理等 10 类专业学位授权点，其中工程硕士专业学位授权领域 22 个。

在保持自然科学领域学科优势的同时，中国科学院大学近年来不断加强应用学科、新兴交叉学科及人文、社会科学学科的建设，在管理学、哲学、医学、心理学、经济学、法学等学科的实力也逐渐显现。

网　　　址：http://www.ucas.ac.cn/
地　　　址：北京市石景山区玉泉路 19 号（甲）
邮政编码：100049
电　　　话：010-69672925

二十五、湖南大学

湖南大学是国家教育部直属的全国重点综合性大学。学校拥有 24 个博士学位授权一级学科、36 个硕士学位授权一级学科、23 个专业学位授权，建有国家重点学科一级学科 2 个、国家重点学科二级学科 14 个、博士后科研流动站 25 个。

未来，学校将重点建设化学、机械工程 2 个一级学科及土木与环境工程、电气信息、经济与商学 3 个学科群。同时，在一流师资队伍建设中实施"岳麓学者计划"，预计进入计划的人才群体达到 400 人以上；将实施"青年骨干教师倍增计划",建设期间引进骨干教师 500 人,使专任教师规模达到 2200 人。

  网 址:http://www.hnu.edu.cn/
  地 址:南省长沙市岳麓区麓山南路麓山门
  邮政编码:410082
  电 话:0731-88822881

二十六、西北农林科技大学

  西北农林科技大学的前身是创建于 1934 年的国立西北农林专科学校。1999 年 9 月合并组建为西北农林科技大学。学校现有 7 个国家重点学科和 2 个国家重点(培育)学科。

  学校瞄准国际科技前沿,紧密围绕国家战略需求和区域发展需要,积极开展面向农业生产实际的应用基础研究和应用技术研究,在动植物育种、植物保护、农业生物技术、旱区农业与节水技术、黄土高原水土流失综合治理等研究领域形成鲜明特色和优势。

  网 址:http://www.nwsuaf.edu.cn/
  地 址:陕西省西安市杨凌区西农路 22 号
  邮政编码:712100
  电 话:029-87082869

二十七、上海科技大学

  上海科技大学是一所由上海市人民政府与中国科学院共办共建,由上海市人民政府主管的全日制普通高等学校,2013 年 9 月 30 日经教育部批准同意正式建立。

  学校以理工科为主,设立物质科学与技术学院、生命科学与技术学院、信息科学与技术学院、创业与管理学院和创意与艺术学院,实行大学院制,学院下不设系。学校致力于建立学院专业能力培养—书院综合素质培养结合、学—研结合、学—创结合的人才培养机制。

网　　址：http://www.shanghaitech.edu.cn/
地　　址：上海市浦东新区华夏中路 393 号
邮政编码：201210
电　　话：021- 20685115

附录五　部分媒体行业组织介绍

一、中国科技新闻学会

中国科技新闻学会是由中国科技新闻传播工作者和单位自愿结成的、从事科技新闻传播学术活动的全国性法人社会团体。学会成立于 1987 年，是中国科学技术协会的团体会员、中华全国新闻工作者协会的单位会员、世界科技记者联盟的发起者和成员之一。学会所属会员单位包括中央媒体单位和各省、市、自治区、直辖市主流媒体及地方科技媒体、新媒体及部分高等院校和新闻研究机构。

学会的主要活动包括：召开中国科技传播论坛、学术年会（每两年一次）和国际性学术交流会议；组织科技传播奖优秀人物和优秀科技新闻作品评选活动；举办业务培训班、业务讲座；组织全国媒体科技记者采访活动；出版科技期刊和学术论文；等等。维护科学尊严，维护科技工作者的合法权益。

学会主办刊物有《中国科技信息》《科学中国人》《科技创新与品牌》《科幻画报》《电子竞技》《科学家》《科技传播》《新媒体研究》。

网　　　址：http://www.csstj.org.cn
地　　　址：北京市西城区三里河路 54 号 472~473 室
邮政编码：100045
电　　　话：010-68598031

二、中华全国新闻工作者协会

中华全国新闻工作者协会（简称"中国记协"）于 1957 年 2 月在北京正式成立，是中国共产党领导的中国新闻界的全国性人民团体，是党和政府同新闻界密切联系的桥梁与纽带。

中国记协直属事业单位有中国记协新闻培训中心、中国记协机关服务中心。中国记协实行团体会员制，目前共有会员单位 217 家。

中国记协通过开展各种富有成效的活动，受到新闻界和全社会的认同和好评，有些活动已经形成"品牌"。中国新闻奖、长江韬奋奖、中国记者节等充分展示了广大新闻工作者与时代共进、与人民同行的风采，展示了近年来新闻队伍建设取得的丰硕成果。

网　　　址：http://www.xinhuanet.com/zgjx/jxhd.htm

地　　　址：北京珠市口东大街 7 号

邮政编码：100062

电　　　话：010-61002838

后　　记

科学传播永无止境

作为现代科普的一个新形态,科学传播在提升公民科学素养方面的重要作用已不言而喻。但针对不同群体或受众,科学传播的价值取向和定位却有显著的不同。对于决策者来说,科学传播可能是一种手段工具;对科学家而言,科学传播是一种途径和本能;对记者来说,科学传播是一种职业要求和规范性活动;对于公众来说,科学传播不仅意味着知识与信息的获取,更意味着理性的提升和观念的改变。

现在,互联网技术催生的社交媒体、自媒体及其他线上交流工具,已经在很大程度上颠覆了传统僵化的信息分享模式。科学传播正在从"传播"向"交流""互动"的阶段演化。在这个阶段,一些科学"门外汉"乃至更多公众也获得参与传播、影响决策的权利,从沉默的受众转变为有行动力的干预者。公众的角色从纯粹的受益者转变成传播的参与者和影响者。

上述背景也使本书的编写应时而生。在这个近乎全民传播的时代,如何保证以兴趣为出发点,同时将操作性、创新性有很高要求的科学传播更好地付诸实践,需要一本来自科学新闻一线的突出实践性、可操作性并兼顾理论性的册子作为指南。

本书对于科学记者这一特殊职业的介绍和展示并不面面俱到,它针对的是刚入行的年轻记者或尚处在学习阶段的记者。但它对于科学新闻报道中常见问题、痼疾问题的总结分析，依然具有较宽泛的指导借鉴意义。例如，如何避免报道的断章取义、夸大其词，如何应对采访对象出于某种目的而粉饰自己工作的情况，如何掌握"讲故事"这一常说常新的技能，在知识分享的过程中，对于"通俗"和"科学准确性"之间"平衡"技巧的把握等。诸如此类的问题，对于一般媒体从业者来说，也都是需要不断实践、不断改进的地方。

本书主编由中国科学报社社长兼总编辑陈鹏担任，副主编由我担任，其他成员包括保婷婷、张林、赵路、甘晓、王佳雯、倪思洁、丁佳、肖洁、陆琦、李晨阳、潘希、李芸、温新红、计红梅。源于实践，指导实践，因此本书在编写过程中难免囿于一家之言，也难以做到面面俱到。对于存在的瑕疵以及认识的不足，恳请读者批评指正，同时也希望基于我们的实践不断加以修正完善。

在可预见的未来，科学传播的模式仍将是政府主导下以科学家为主的，媒体、出版社、传播机构、公众共同参与的一项社会事业。作为科学传播的主要载体，无论是媒体还是传播机构，都将在一个全新的格局中饰演各自的角色，并发挥不同的功能。

中国科学报社副总编辑　郭道富
2018 年 3 月